CAROLINE BOSBACH

MIT TORSTEN WEBER

SCHWARZ AUF GRÜN

MURMANN

INTRO

FOLGE 1
Wollt ihr mir mein Auto wegnehmen?! 9

FOLGE 2
Dürfen wir jetzt auch kein Fleisch mehr essen?! 31

FOLGE 3
Warum ist Nachhaltigkeit eigentlich kein Schulfach? 51

FOLGE 4
Ausgerechnet du willst uns jetzt das Fliegen verbieten? 67

FOLGE 5
Wie ich euch kenne, stellt ihr mir morgen noch ein Windrad vor's Haus! 85

FOLGE 6
Warum bin ich immer schuld? Warum müssen wir immer für alles Verantwortung tragen? 109

FOLGE 7
Sind wir noch sicher? 129

FOLGE 8
Warum retten wir nicht erst mal die Armen hier im Land, bevor wir das in anderen Ländern tun? 149

FOLGE 9
Haben wir gegen die Chinesen überhaupt noch eine Chance? 167

FOLGE 10
Was wird aus uns? 185

DIE AUTOREN

Klimaneutral
Druckprodukt
ClimatePartner.com/12752-1803-1001

Zum Ausgleich für die entstandene CO_2-Emission bei der Produktion dieses Buches unterstützen wir den Betrieb eines Wasserkraftwerks im Virunga-Nationalpark im östlichen Kongo. Das Projekt trägt zum Klimaschutz bei, indem auf die Abholzung des tropischen Bergregenwaldes zur Holzkohlegewinnung verzichtet wird und der Lebensraum der letzten Berggorillas in freier Wildbahn erhalten bleibt. Der gewonnene Strom wird in das lokale Stromnetz eingespeist und dient als Alternative zur Holzkohle.

Bibliografische Information der Deutschen Nationalbibliothek
Die Deutsche Nationalbibliothek verzeichnet diese Publikation in der Deutschen Nationalbibliografie; detaillierte bibliografische Daten sind im Internet über http://dnb.d-nb.de abrufbar.

Druck und Bindung: CPI books GmbH, Leck
Printed in Germany

ISBN 978-3-86774-682-3

Besuchen Sie uns im Internet: www.murmann-verlag.de
Ihre Meinung zu diesem Buch interessiert uns!
Zuschriften bitte an info@murmann-publishers.de
Den Newsletter des Murmann Verlages können Sie anfordern unter
newsletter@murmann-publishers.de

INTRO

Schwarz auf Grün ist eine Serie, eine Art TV-Doku. Erzählt wird, wie eine junge Frau, Caroline Bosbach, die Ideen einer zukunftsfähigen Republik umsetzen will. Wir erleben, wie sie mit Wählerinnen und Wähler über deren Sorgen und Bedenken spricht, wie sie sich gegen Medien, gegen Politikfreunde und Politikfeinde, gegen Meinungen und Widerstände behaupten muss.
Unterstützt wird sie dabei von Professor Torsten Weber, der Meinungen sichtet, Fakten einordnet und den Blick auf die Zukunft richtet. Beide bieten im Verlauf der Serie Lösungen für eine moderne Republik. Die Serie ist sehr nah an der Realität, sie ist in jedem Fall mehr Dokumentation als Fiktion. Das vorliegende Buch ist das Drehbuch.

FOLGE 1

WOLLT IHR MIR MEIN AUTO WEGNEHMEN?!

Was wird aus den Pendlern – und wie viele Arbeitsplätze gehen verloren, wenn wir auf E-Mobilität umsteigen? In der ersten Folge von Schwarz auf Grün *diskutiert Caroline Bosbach mit emotionalen Autofans, Torsten Weber rechnet vor, wie viele Arbeitsplätze hinzukommen, und der Blick in die Zukunft zeigt: Der ÖPNV wird autonom.*

Szene läuft →

INNEN

Büro von Caroline Bosbach, CAROLINE in die Kamera.
Im Hintergrund ein Bücherregal. Es ist später Nachmittag.

CAROLINE

Schwierig sind die Momente, wenn du am Stand stehst, mitten im Wahlkampf, und da kommt jemand auf dich zu und sagt dir ins Gesicht, dass die Politik dabei wäre, die deutsche Autoindustrie kaputt zu machen, und dass sein Diesel sauber und die ganze Elektromobilität ein Witz sei, weil es an Ladesäulen fehle und weil der Strom alles andere als sauber erzeugt werde. Und er ist empört, wie ein Wähler nur empört sein kann. Und enttäuscht, dass wir als konservative Partei da mitmachen, maßlos enttäuscht, und dass wir alle dabei seien, »das Rückgrat der deutschen Wirtschaft« kaputt zu machen, bloß wegen den »ganzen Klima-Hüpfern!«. Und du weißt, so ganz falsch liegt er nicht, und doch hat er nicht recht. Vor allem, weil 2020 fast 310 000 E-Autos auf deutschen Straßen rollten. Der Absatz von reinen Stromern verdreifachte sich auf gut 194 000 Stück, während die Zahl der Autos mit Diesel- und Benzinmotoren zurückging. Das ist ein Trend. Andererseits wissen wir auch, dass Elektromobilität allein wahrscheinlich nicht die Lösung sein kann. Schon gar nicht, wenn wir das ökologische Ausmaß der Elektrowagen nüchtern betrachten. Elektromobilität wird stark gefördert. Aber auch mir fällt es schwer zu erklären, wie ich ausgerechnet diese Technologie als Heilsbringer verkaufen kann. Zumal ich mich stets für Technologieoffenheit ausspreche und die CO_2-Bilanz eines kleinen Elektrowagens gegenüber einem Verbrenner erst ab circa 130 000 gefahrenen Kilometern bei derzeitigem Strommix gewinnt – gegenüber einem Diesel erst ab 220 000 Kilometern. Diese CO_2-Bilanz der Herstellung und Entsorgung batteriegetriebener Pkw ist den Bürgerinnen und Bürgern bekannt. Dazu gesellt sich das Gefühl, dass man sich politisch auf Elektromobilität schon längst festgelegt hat. Was ist denn mit Wasserstoff, dem hochgepriesenen »Champagner der Energiewende«? Gerade im Automobilbereich hieß es im-mer mal wieder, Wasserstoff sei die Antriebsart der Zukunft. Theoretisch ist hier viel möglich. Aber in der Praxis ist es dann nicht weit her mit der Technologieoffenheit.

Also lässt du ihn sich empören, hörst ihm zu. Viele möchten mal Dampf ablassen. Dann sprichst du von Verantwortung für die kommenden Generationen, vom Klimawandel und davon, dass wir alle unseren Beitrag leisten müssen. Aber das klingt manchmal wie aufgesagt.

<u>AUSSEN</u>

Wahlkampfstand in der Fußgängerzone einer deutschen Stadt. Es ist ein kalter Nachmittag. CAROLINE hält einen Flyer in der Hand, ein 50-JÄHRIGER MANN nähert sich dem Stand und spricht sie an. Der 50-JÄHRIGE MANN trägt eine grüne Allwetterjacke. Auf dem Kopf hat er ein Basecap mit dem Logo eines Hotelresorts in Mecklenburg-Vorpommern.

DER 50-JÄHRIGE (sehr forsch, mit Pfälzer Akzent)

Ich habe das Plakat gesehen, mit der Mobilität.

CAROLINE

Was ist mit dem Plakat?

DER 50-JÄHRIGE

Dass die Mobilität sauberer werden muss.

CAROLINE

Ja, das muss sie.

DER 50-JÄHRIGE

Warum muss sie das? Woher wisst ihr das denn?

CAROLINE

Mobilität 4.0 ist nicht nur gut für die Luft, sondern vor allem auch für die Wirtschaft. Wir können nicht ignorieren, was auf den Märkten passiert. Wenn der Verbrenner mit fossilen Brennstoffen ein Auslaufmodell ist, dann tun wir gut daran, unsere

Autobauer, die stärkste Industrie, die wir haben, auf die Zukunft vorzubereiten. Was heißt Zukunft – ich würde sagen: auf das Jetzt. Denn wir sind schon mitten in der Zukunft. Da reicht ein Blick nach China. An der deutschen Autoindustrie hängen 820 000 Arbeitsplätze. Hier muss auch die Politik Verantwortung übernehmen. Und ich halte es nicht für besonders verantwortungsvoll, diese Fakten zu ignorieren.

DER 50-JÄHRIGE (nimmt sein Basecap kurz ab, streicht sich einmal durchs Haar, macht eine Pause, scheint über etwas nachzudenken)

Gestern, im Fernsehen, ich glaube, bei Maischberger, da war dieser eine Ökonom, der aus München. Er hat gesagt, solange ein Elektroauto mit konventionellem Strom fährt, sei seine Ökobilanz schlechter als die eines modernen Diesel. Und das ist ein kluger Mann, den müssen Sie doch kennen.

CAROLINE

Richtig. Aber dieses Land tut gerade viel dafür, dass wir eine Energie- und eine Stromwende haben, die ihren Namen auch verdient. Und wenn ein Elektroauto irgendwann nur mit Ökostrom betankt wird, ist die Bilanz ...

DER 50-JÄHRIGE

Wissen Sie, was ich hier raushöre?

CAROLINE

Nein.

DER 50-JÄHRIGE (mit »erhöhter Temperatur«)

Dass ihr mir mein Auto wegnehmen wollt. Ich bin auf das Auto angewiesen, ich bin Pendler. Wenn ihr mir mein Auto wegnehmt, schadet ihr MIR. Wie soll ich ohne Auto mobil sein?

CAROLINE

Niemand möchte Ihnen das Auto wegnehmen. Es geht darum, neue Wege der Mobilität aufzuzeigen. Mir ist schon klar, dass es den Individualverkehr immer geben wird. Auch weil es ihn geben muss! Ich weiß nicht, wo Sie genau leben. Aber vor allem in den ländlichen Regionen ist die öffentliche Verkehrsinfrastruktur noch zu wenig zufriedenstellend, da braucht man sein Auto. Ich übrigens auch. Ich wohne selbst in einer Kleinstadt und muss zur Arbeit pendeln!

INNEN

Büro von Caroline Bosbach, CAROLINE spricht in die Kamera.

CAROLINE

Das Auto ist das heikelste Thema. Es hat etwas Identitätsstiftendes, über deutsche Autos zu sprechen. Bei kaum einem Thema sind Menschen so emotional und so schnell aufgebracht. Vor allem aber sind sie bei keinem Thema so gut informiert, da stimmen die Fakten, haben sie Informationen und Hintergründe.

AUSSEN

Wahlkampfstand in der Fußgängerzone einer deutschen Stadt. Es ist windiger geworden. CAROLINE diskutiert noch immer mit dem 50-JÄHRIGEN MANN in der grünen Jacke. Inzwischen hat sich noch ein älteres Ehepaar dazugesellt, ein weiterer Mann steht in Hörweite. Die drei verfolgen aufmerksam das Gespräch.

DER 50-JÄHRIGE

Nur ein Beispiel, ich würde mir – rein hypothetisch – ein Elektroauto kaufen, ich wäre also wirklich – rein hypothetisch – bereit, viele Tausende Euro ...

CAROLINE

Elektroautos werden staatlich gefördert, 2020 gab es deswegen ...

DER 50-JÄHRIGE

Ja, ja, es fehlen aber immer noch Ladestationen, es gibt kein Ladekonzept, keine Strategie, und mir geht es jetzt auch nicht darum, wie viel Zehntausende Kilometer ich fahren muss, damit sich mein Elektroauto irgendwann wirklich als klimafreundlichere Lösung erweist. Darum geht es mir jetzt nicht, die Sache ist: Ich wohne im zweiten Stock.

CAROLINE (etwas zögerlich)

Ja?

DER 50-JÄHRIGE

Wenn ich mein Auto über Nacht laden will, dann müsste ich mein Ladekabel aus dem Küchenfenster hängen. Wenn es überhaupt irgendwo auf der Straße steht, vor meinem Haus. Das Kabel hängt dann da die ganze Nacht, und wenn das alle machen, können Sie sich vorstellen, wie das aussieht. Das soll innovativ sein? Willkommen in Deutschland! Gut gemeint ist noch lange nicht gut!

CAROLINE

Das mit den Kabeln aus dem Fenster ist tatsächlich ein Problem. Andere Länder, vor allem China, sind da bedeutend weiter. In China muss inzwischen ein Großteil der Neubauten mit einer eigenen Ladestation ausgestattet sein, während wir noch über die Brandschutzverordnung für Neubauten diskutieren und den generellen Ausbau der Ladeinfrastruktur. Wenn der Staat nicht agil genug ist, wird sich die Privatwirtschaft einen Weg bahnen. Wir sehen es jetzt schon auf den Parkplätzen der großen Lebensmitteldiscounter, die Lidls und Aldis werden bald ihre kompletten Standorte mit Ladesäulen ausstatten und so künftig noch mehr Kunden anlocken.

DER 50-JÄHRIGE (beinahe schimpfend)

Das ist doch ein Armutszeugnis, wenn die Politik da nur zuschaut.

CAROLINE

Nur zuschauen trifft es jetzt auch nicht! Unsere Regierung investiert gerade ordentlich, nicht nur in den Ausbau der Ladestationen. Wir müssen neue Mobilitätsformen umsetzen, Mobilität neu denken. Das wird auch Arbeitsplätze schaffen, was allerdings nicht von heute auf morgen funktioniert. Hierzu bedarf es realistischer Übergangsfristen für den technologischen Wandel und keiner ideologisch motivierten Vorgaben aus dem Wolkenkuckucksheim. Natürlich, es werden auch

Arbeitsplätze verloren gehen. Aber wie viele es sein werden, hängt davon ab, wie schnell und souverän wir die technische Transformation in puncto Mobilität als Industrienation bewältigen. Hier schaut die Welt auf Deutschland.

INNEN

Ein Seminarraum der CBS-Hochschule. Die Tische sind u-förmig angeordnet. Es sitzen rund 20 Studierende im Raum. Die meisten haben einen Laptop aufgeklappt. Vorne steht Professor TORSTEN WEBER und setzt zu einem kleinen Vortrag an.

TORSTEN

Ein klimaneutrales Deutschland ist umsetzbar, auch im Hinblick auf den European Green Deal, der eine Reduzierung der Treibhausgase bis zum Jahr 2050 vorsieht. Die nationalen Zielsetzungen sind in Deutschland auf 2045 angepasst worden. Allerdings nur, wenn die Bereitschaft besteht, im Pkw-Verkehr konsequent einen Umstieg auf Alternativen voranzutreiben. Die Agora Energiewende, ein Berliner Denklabor, hat in einer jüngst veröffentlichten Studie durchgerechnet, welche Entscheidungen getroffen werden müssen, um die Klimaneutralität bis 2050 zu erreichen. Dazu haben sie gemeinsam mit Forschern des Wuppertal Instituts für Klima, Umwelt, Energie und des Freiburger Ökoinstituts ein umfassendes Szenario entworfen. Sie kommen zu dem Schluss, dass trotz eines deutlichen Rückgangs des Individualverkehrs auch bis 2050 rund 55 Prozent der Personenkilometer mit dem Pkw bewältigt werden. Die Pkw sollten deswegen, so die Studie, entsprechend mit CO_2-freien Energieträgern betrieben werden. Batterieelektrische Pkw seien besonders vorteilhaft, da sie erneuerbaren Strom ohne Umwandlungsverluste nutzen können. Soll der Verkehr bis 2050 klimaneutral werden, ist es aufgrund der durchschnittlichen Lebensdauer von Pkw von rund 14 Jahren zielführend, ab dem Jahr 2035 nur noch Pkw neu zuzulassen, die CO_2-neutral betrieben werden.

AUSSEN

Wahlkampfstand in der Fußgängerzone einer deutschen Stadt. CAROLINE diskutiert noch immer mit dem 50-JÄHRIGEN MANN. Ein ZWEITER MANN nähert sich dem Stand. Er hat das Gespräch verfolgt und steigt mit ein. Der ZWEITE MANN ist deutlich jünger, er hält ein Fahrrad neben sich, am Lenker baumelt sein Helm. Er hat lange genug zugehört, jetzt will er sich einmischen, sucht den Blick von CAROLINE. Als sie ihn anschaut, redet er sofort los, schnell, fast schon hastig, aber einigermaßen sachlich.

ZWEITER MANN

Die Frage ist doch, wo will die Politik mit den Menschen hin? Ihr sprecht von Nachhaltigkeit, aber wie nachhaltig ist das, was ihr mit den Menschen vorhabt? Wir Bürger sollen doch nur wieder die Verantwortung für etwas tragen, für das es keinen Plan gibt. Von einer konservativen Partei darf man doch einen Plan bei der Mobilität erwarten: Wohin führt uns das alles? Sonst ist es nur grüne Ideologie, und dabei seid ihr noch nicht mal eine gute Kopie der Grünen. Vielleicht ist Mobilität ohnehin nur ein grünes Thema und ihr solltet euch wichtigeren gesellschaftlichen Fragen stellen. Ich bin nicht sicher, ob ihr diese grünen Themen überhaupt machen solltet, da steht zu viel auf dem Spiel.

CAROLINE

Richtig! Auch ich bin der Meinung, dass es Themen gibt, die von der anhaltenden Klimadebatte geschluckt werden. Das schadet dem demokratischen Prozess, weil die einzelnen Parteien programmatisch weniger unterscheidbar werden. Und es schwächt vor allem uns Konservative, wenn wir den Menschen das Gefühl geben, dass es kaum Wichtigeres gibt – die Klimapolitik darf nicht vor sämtlichen Interessen und Sorgen der Menschen stehen. Wir sollten gerade jetzt, nach einer der größten Gesundheits- und Wirtschaftskrisen überhaupt, auch mal überlegen, wie wir das Land wieder auf die Beine bringen.

ZWEITER MANN (deutet ein leichtes Lächeln an)

Na, dann tun Sie das mal!

CAROLINE

Jedenfalls ist die CDU keine »gute Kopie« der Grünen, möchte und wird auch niemals eine sein. Trotzdem, ich glaube nicht, dass Nachhaltigkeitsthemen rein grüne Themen sein dürfen. Wenn es darum geht, das Land moderner zu machen, nachhaltiger zu wirtschaften und zu produzieren, hat das in meinen Augen auch handfeste ökonomische Gründe. Viele Unternehmen satteln bereits um. Sie verändern ihre Produktion, ihren Materialverbrauch, ihre Logistik. Sie konzentrieren sich auf Stoffe und Ressourcen, die weniger endlich sind. Hier geht es nicht um gutes Gewissen oder Marketing, sondern vor allem auch um finanzielle Gründe. Ich könnte Ihnen hier jetzt Hunderte Beispiele von Unternehmen nennen. Von der BASF über VW bis Evonik ...

ZWEITER MANN (scheint sich nun deutlich sicherer zu fühlen)

Wissen Sie, was einem diese Nachhaltigkeit nicht bieten kann?

CAROLINE

Was meinen Sie?

ZWEITER MANN

Sicherheit. Nachhaltigkeit bietet keine Sicherheit. Das klingt zwar alles immer schön, aber Nachhaltigkeit zahlt meine Hypothek nicht ab, sie finanziert meinen Kindern nicht die Bildung. Es ist eine Hülse, mehr nicht.

CAROLINE

Nachhaltiges Wirtschaften kann auch gleichermaßen Wohlstand sichern.

ZWEITER MANN

Das halte ich für gewagt! Schauen Sie, ich arbeite tatsächlich als Ingenieur bei einem Autozulieferer, deshalb hat mich das Gespräch interessiert. Wir entwickeln Motoren, sehr effizient und auch sehr verbrauchsarm. Sie glauben gar nicht, wie innovativ deutsche Ingenieure sind, es gibt in der Branche bereits zig Methoden, um Autos noch sauberer und ressourcenschonender zu machen. Aber die Leute kaufen sich trotzdem einen SUV mit Verbrenner, die Verkaufszahlen steigen, weil die Menschen es bequem haben wollen. Mir ist das Klima nicht egal, ich sehe den Ernst der Lage. Aber mir sind auch die finanzielle Sicherheit und die Lebensgrundlage meiner Familie nicht egal.

DER 50-JÄHRIGE

Ja, schon interessant, dass SUVs ausgerechnet in den Städten und Stadtvierteln am meisten verkauft und genutzt werden, in denen die Wahlergebnisse der Grünen am höchsten sind! Irgendwas passt da nicht zusammen. Versuchen die aus schlechtem Gewissen heraus, ihr eigenes Verhalten auszubügeln? Mit der Wahl des angeblich absoluten Klimaschutzes?

CAROLINE

Wie dem auch sei, jedenfalls wird dabei völlig außer Acht gelassen, dass diese Absolutheit – mitsamt ihrer Verbotskultur – die Axt an die Wettbewerbsfähigkeit unseres Landes legt. Wir kämpfen natürlich auch um das Vertrauen der Wähler. Aber wir bauen darauf, dass besagter SUV künftig mit alternativen Antriebstechnologien oder synthetischen Kraftstoffen betrieben wird.

ZWEITER MANN

Ich bezweifle stark, dass Sie mit Ihrer Nachhaltigkeit wirklich so viele Arbeitsplätze schaffen werden, wie mit dem ständigen Verweis auf Nachhaltigkeit derzeit vernichtet werden.

DER 50-JÄHRIGE

Ich sehe das ganz genauso. An der deutschen Autoindustrie hängen mehr als 800 000 Arbeitsplätze. Ein Großteil der Wertschöpfung hierzulande geht auf die Branche zurück. Die Autoindustrie ist das Herz unserer Wirtschaft, das Rückgrat! Wenn etwas in den vergangenen Jahrzehnten für Stabilität, Wohlstand und Fortschritt in Deutschland gesorgt hat, dann war es die Autoindustrie. Wer hier wegen ein paar Klimahysterikern eine Industrie zugrunde richten will, dem fehlt es meines Erachtens wirklich an gesundem Menschenverstand!

CAROLINE

Es geht doch nicht darum, Maßnahmen gegen unsere weltweit beachtete Automobilindustrie zu ergreifen, sondern mit ihr gemeinsam Lösungen dafür zu erarbeiten, dass CO_2-arme beziehungsweise CO_2-neutrale Fahrzeuge made in Germany weltweit als Symbol für die Dekarbonisierung des Individualverkehrs stehen. Wir stehen vor der Frage: Wollen wir den Wandel – auch im Sinne der Beschäftigten – proaktiv mitgestalten, oder wollen wir von ihm gestaltet werden – mit allen negativen Konsequenzen für die Arbeitnehmerschaft? Wichtig ist dabei, den Blick zu weiten für jede tragfähige technische Möglichkeit CO_2-neutraler Mobilität. Ich höre immer nur Elektro. So wird es nicht funktionieren. Im Jahr 2021 sind viele Punkte noch nicht zu Ende gedacht, Vieles ist unausgereift, unausgegoren. Von der CO_2-intensiven Herstellung bis zur Entsorgungsfrage von Altbatterien. Stattdessen müssen wir auch massiv investieren in die Forschung synthetischer Kraftstoffe und der Brennstoffzellentechnologie, insbesondere für den Güterverkehr. Und im Unterschied zur politischen Konkurrenz orientieren sich unsere Vorschläge an dem technisch Machbaren und nicht an ideologischem Wunschdenken. Ökologischer Wandel wird nur im Einklang mit der Ökonomie funktionieren, weil sonst die Akzeptanz der Bevölkerung nicht gegeben ist. Wer den Gradmesser der technischen Realisierbarkeit außer Acht lässt, belügt die Menschen.

INNEN

Seminarraum der CBS-Hochschule. Professor TORSTEN WEBER hat seinen Vortrag fortgesetzt. Kurz vor Schluss fragt eine Studentin, was er dazu sagt, dass in der deutschen Autoindustrie vermutlich zahlreiche Arbeitsplätze wegfallen werden. TORSTEN geht einen Schritt in

Richtung der jungen Frau. Am Tisch neben ihr haben zwei Studenten bereits ihren Laptop eingepackt, die beiden jungen Männer wollen gleich nach der Stunde weg. Doch TORSTEN ist der Punkt wichtig, diese Frage will er noch beantworten.

TORSTEN

Wir werden in der Tat Arbeitsplätze in der deutschen Automobilindustrie verlieren. Laut der Studie der Berliner Nationalen Plattform Zukunft der Mobilität (NPM) bis zum Jahr 2030 sogar bis zu 410 000, das wäre fast die Hälfte der derzeitigen Arbeitsplätze. Zum einen liegt das darin begründet, dass der Fertigungsaufwand bei einem Elektroauto etwa 30 Prozent niedriger ist als bei einem Verbrenner. Zum anderen müssen Unternehmen Stellen streichen, um dank der Kosteneinsparung überhaupt in neue Antriebstechniken investieren zu können. Doch Experten sehen darin auch eine große Chance. Es geht um die Festigung der eigenen Marktposition. China, einer der wichtigsten Absatzmärkte für die Automobilbranche, wenn nicht der wichtigste, hat bereits angekündigt, in naher Zukunft keine fossilen Verbrenner mehr herzustellen. Andere Länder wollen ebenso aussteigen. Das bedeutet: Die gefragten Kompetenzen werden sich verlagern, hin zu Elektromobilität, Batteriesteuerung, Elektronik und Daten. In diesen Bereichen werden nun neue Arbeitsplätze entstehen, sowohl bei den Automobilherstellern als auch bei den Zulieferbetrieben; allein in Deutschland gibt es 1800 Zulieferer mit etwa 310 000 Mitarbeitern. Der Trend der letzten Jahre zeigt zwar auf der einen Seite, dass vor allem kleine Betriebe, von denen es Tausende gibt, um Existenz und Arbeitsplätze kämpfen. Aber auch Continental muss in den nächsten Jahren zahlreiche Werke schließen beziehungsweise verkleinern und will in Deutschland wohl 13 000 Arbeitsplätze abbauen. Ähnlich sieht es bei Bosch und ZF Friedrichshafen aus. Auf der anderen Seite investieren die Betriebe inzwischen in die Software-Herstellung für E-Mobilität und zentrale Steuergeräte. So zum Beispiel ZF in ein System für einen Lastwagenhersteller, das im automatisierten Betrieb dafür sorgt, dass das Fahrzeug einschließlich Anhänger in jeder Lage stabil auf der Straße bleibt – dafür sind sehr komplexe Berechnungen erforderlich. Auch der Volkswagen-Konzern hat E-Mobilität als Geschäftsmodell der Zukunft erkannt und will in den nächsten fünf Jahren insgesamt 35 Milliarden in die Entwicklung neuer E-Autos und die Umrüstung seiner Werke stecken. Und wenn Firmen wie VW nachhaltiger werden, ist das ein deutliches Zeichen.

AUSSEN

Wahlkampfstand in der Fußgängerzone einer deutschen Stadt. CAROLINE diskutiert weiter mit dem 50-JÄHRIGEN MANN und dem ZWEITEN MANN. Plötzlich mischt sich ein JUNGER MANN ein. Er hat dunkle Locken, trägt eine schwarze Daunenjacke. Neben ihm stehen zwei seiner Freunde.

JUNGER MANN (wartet nicht ab, bis die beiden anderen Diskutanten auf ihn reagieren, sondern prescht vor)

Haben Sie mal in einen Tesla reingeschaut?

CAROLINE

Ja?

JUNGER MANN (plötzlich etwas unsicher)

Ich meine, in den Motor rein, also nicht Motor, eben unter die Haube.

CAROLINE (etwas genervt)

Ja, habe ich.

JUNGER MANN (immer noch etwas unsicher)

Da sind Kunststoffe verbaut, die würde man von der Materialgüte her vielleicht in einem koreanischen Fahrzeug aus den späten Neunzigerjahren erwarten, aber nicht in einem teuren Tesla.

CAROLINE

Also, in Norwegen ...

ZWEITER MANN ***(aus irgendeinem Grund scheint »Norwegen« sein Stichwort zu sein)***

Ja genau, Norwegen, die haben auch das Geld!

CAROLINE

In Norwegen lag der Anteil der Elektroautos an den Neuzulassungen im Dezember 2020 bei 66 Prozent, das sind mehr als die Hälfte der Autos.

JUNGER MANN ***(nun mutiger)***

Die haben auch das Geld!

CAROLINE

Vielleicht. Fakt ist aber, dass das meistverkaufte Elektroauto des Jahres 2020 in Norwegen ein Audi e-tron mit gut 9000 Neuzulassungen war, auch der VW ID.3 lag weit vorne. Das heißt, deutsche E-Autos werden immer beliebter – und Elektromobilität bedeutet eben nicht immer nur Tesla. Mir ist aber auch etwas anderes wichtig. Wir brauchen immer eine Rückkopplung zur Lebenswirklichkeit der Menschen! Ich spreche hier von einer deutschen Durchschnittsfamilie, die ein Auto benötigt – zum Einkaufen, zum Weg zur Arbeit, für die Hobbys der Kinder, für all das, was »grüne«, »gut gemeinte«, »urbane Mobilitätskonzepte« miteinbeziehen müssen. Gerade Familien brauchen ein bezahlbares Auto. Und es geht auch ums Selbstbewusstsein, hier in Deutschland bauen wir immer noch die besten Autos der Welt, wir brauchen uns nicht zu verstecken.

ZWEITER MANN

Ich glaube, alle in der Branche wären dankbar, und auch viele Bürger wären dankbar, wenn die Politik dazu auch stehen würde. Anstatt immer nur nach den Grünen zu schielen und ihr Programm zu kopieren.

CAROLINE

Ich glaube, es geht darum, jetzt den Anschluss nicht zu verpassen. Ein Unternehmen wie VW macht einen Großteil seines Geschäfts in China, und China hat ganz klar die Elektromobilität als Ziel ausgegeben. Wenn die deutsche Autoindustrie da nicht liefern kann, produziert man an der Nachfrage vorbei – auch wenn sie in diesem Fall staatlich gelenkt ist.

INNEN

Ein Seminarraum der CBS-Hochschule. Professor TORSTEN WEBER ist noch da, um ihn herum stehen vier Studierende. Die anderen sind bereits gegangen.

TORSTEN

Deutschland steht nicht am Beginn einer Massenarbeitslosigkeit. Ganz im Gegenteil. Eine neue, wenn auch sehr positive Studie des Wuppertal Instituts und des DIW Econ besagt, dass mit Erreichung der Klimaziele im Jahr 2050 die zusätzliche Wertschöpfung bei einer stark auf die heimische Erzeugung ausgerichteten Strategie bis zu 30 Milliarden Euro beträgt. 800 000 Arbeitsplätze könnten geschaffen werden, in der Automobilwirtschaft, aber vor allem auch in anderen Bereichen. Zum Beispiel sehen die Forscher positive Effekte im grünen Wasserstoff, hier könnte eine Investition ein neues Wirtschaftswunder auslösen – sowohl in Bezug auf den Individual- als auch in Bezug auf den Bahnverkehr. Seit letztem Jahr befinden sich auf einigen nichtelektrifizierten Bahnstrecken bereits Wasserstoffzüge zu Testzwecken.

STUDENTIN

Wofür brauchen wir Wasserstoff auf der Schiene? Ist Bahnfahren nicht sowieso die sauberste Form der Mobilität? Ich dachte, alles bei der Bahn wäre elektrisch.

TORSTEN

Nicht ganz. In Deutschland sind nur rund 60 Prozent des Streckennetzes elektrifiziert. Zum Vergleich: In der Schweiz sind es 100 Prozent. Jedenfalls ist Wasserstoff wichtig, weil diese Alternative eine Abkehr von den veralteten und schädlichen Dieseltriebfahrzeugen verspricht, die bis dato noch im Einsatz sind. Wer den Personen- und Schienengüterverkehr in Deutschland klimafreundlicher gestalten will, muss sich also mit dieser Antriebstechnologie auseinandersetzen. Die Hersteller Alstom und Stadler haben das getan. Sie sehen anhand dieses Beispiels, dass ein stärkerer Fokus auf Nachhaltigkeit nicht automatisch das Ende Ihres Erwerbslebens bedeutet. Vielmehr ist davon auszugehen, dass sich eine Vielzahl an neuen Möglichkeiten ergibt, wenn wir die Augen öffnen und neuen Ideen mit wachem Geist entgegentreten. Die Wirtschaftsleistung im ökologischen Sektor wird weiter steigen. Dabei wäre es fahrlässig, den Menschen zu sagen: »Vertraut auf das, was uns in der Vergangenheit groß gemacht hat.«

INNEN

Büro von Caroline Bosbach, CAROLINE in die Kamera. Sie dreht ein kurzes Video für ein soziales Netzwerk.

CAROLINE

Ich wohne im Rheingau.
Wir haben hier ein wunderbares, fast mediterranes Klima,
hier wachsen Feigen, in manchen Gärten sogar Olivenbäume.
Und Wein natürlich, wunderbarer Wein.
Der Rheingau ist eine der fruchtbarsten Gegenden
Deutschlands.

Was sie aber kaum ist:
Überall vorbereitet auf Smart Mobility.
Wenn ich hier jetzt umsteige auf ein Elektroauto
und den Stromer laden wollte,
dann müsste ich erst mal ordentlich schieben.

Und das ist nicht nur im Rheingau so.

In Deutschland gibt es derzeit 23 300 Ladestationen für
E-Autos.
Das gilt als Rekordwert.

Tatsächlich ist es aber zu wenig,
viel zu wenig.
Vor allem für ländliche Regionen.

Die meisten Ladepunkte gibt es in Großstädten,
in Berlin gibt es derzeit mehr als 1000 Ladepunkte.
Das ist super für Berlin!
Wenn schon kein Wein, dann eben Ladepunkte.

Allerdings hat man inzwischen das Gefühl,
es wäre leichter,
Wein in Berlin anzubauen,
als im Rest der Republik eine flächendeckende Ladeinfrastruktur
zu installieren.

Während im Weinbau vieles nach altbewährten Mustern abläuft,
wäre es Aufgabe der Politik, Mobilität neu zu denken.
Es reicht eben nicht, den einen Antrieb durch einen anderen
zu ersetzen.
Tatsächlich muss alles dafür getan werden,
alternative Antriebe nicht nur bezahlbar,
sondern im öffentlichen Raum auch nutzbar zu machen.

Das heißt: ein konsequenter Ausbau der Ladeinfrastruktur.
Und das nicht nur am Rosenthaler Platz in Berlin-Mitte,
sondern auch im Rheingau und im Rest der Republik.

Nein – um es ganz klar zu sagen:
Niemand hat vor, den Menschen das Auto wegzunehmen.
Individualverkehr wird es immer geben.
Weil wir ihn brauchen!
Weil es ohne ihn nicht gehen wird!
Davon bin ich überzeugt.

Ob aber Diesel- und Benzinmotor noch eine Zukunft haben,
das ist absolut ungewiss.

Schon 2021 sind bei den Neuvorstellungen der Hersteller
die Modelle mit klassischem Verbrennungsmotor in der
Minderheit.
Viele Konzerne schwenken zunehmend um.
Noch sind E-Autos sehr energie- und verbrauchsintensiv.
Und was ihre Ökobilanz angeht, »überholen« sie einen Diesel
erst nach vielen Tausenden Kilometern.

Aber, ganz wichtig: Die Entwicklung ist noch nicht am Ende.
Während das Potenzial von Otto- und Dieselmotoren
weitgehend ausgereizt ist,
während die Ingenieure aus den Verbrennern rausgeholt haben,
was rauszuholen ist,
können alternative Antriebe noch deutlich
effizienter werden.

Dazu braucht es Geduld.
Was uns jetzt nicht hilft, sind radikale Umbaupläne,
sondern gut austarierte Fahrpläne
wie beispielsweise das Klimapaket der Bundesregierung von 2019.
Auch wenn es schneller umgesetzt werden muss:
Das Paket enthält bereits entscheidende Bausteine und orientiert
sich an den Prinzipien unserer sozialen Marktwirtschaft,
um die gesellschaftspolitischen Entwicklungen nachhaltiger
werden zu lassen.

Dazu gehört auch die dringende Aufgabe,
möglichst viele Arbeitnehmer in der Automobilbranche
aus- und weiterzubilden,
damit möglichst wenige Arbeitsplätze wegfallen.

Denn: Es *werden* in manchen Berufen Arbeitsplätze wegfallen.
Das hat ein industrieller Wandel so an sich.
Aber:
Die Politik weiß das.
Und wir sprechen auch darüber.
Wir müssen das Kind beim Namen nennen –
aber eben gleichzeitig zeigen,
wie es uns gelingen wird, den sozialen Schaden gering zu halten.
Das sollten wir tun. Das müssen wir tun.
Denn eine neue Antriebsform allein schafft keine Arbeitsplätze!

Auch ein Bekenntnis zur Elektromobilität reicht nicht aus,
wenn es keine Ladestationen gibt,
wenn noch nicht mal annähernd so viel Energie aus Sonne oder Windkraft ins System eingespeist werden kann, um E-Mobilität tatsächlich zur klimaschonenden Alternative zu machen.

Ja, der Ausbau der erneuerbaren Energien läuft hierzulande schleppend.
Die Menschen haben eine Sehnsucht nach Klarheit,
sie wollen auch überzeugt und mitgenommen werden.

Die grüne Politik, so wie wir sie kennen,
ähnelt erschreckend einem Staatsdirigismus.
Lasst doch die Menschen mit ihrer Nachfrage entscheiden.
Lasst sie darüber entscheiden,
welche Technologie sich durchsetzt am Markt.
Wir wollen Entscheidungsfreiheit,
das ist das, was unser Land auszeichnet.

Aber: Entscheidungsfreiheit allein wird uns beim Thema Mobilität nur schwer an die Weltspitze bringen.
Ich verstehe, Menschen wollen Sicherheit.
Sie wollen, dass es ihnen auch in den nächsten Jahren noch gut

geht, dass sich da nichts ändert.
Die Wahrheit ist aber: Wandel war und ist schon immer ein stetiges Phänomen.

Nur die subjektiv wahrgenommene Dynamik hat sich verändert.
Weil nun auch das Herzstück deutscher Industriekultur betroffen ist.
Dass sich nichts ändert, kann man ehrlicherweise niemandem mehr versprechen.
Das konnte man aber noch nie!
Und genau das muss kommuniziert werden.

Aber eben auch,
dass wir alle in der Lage sind, Sicherheit herzustellen.
Wenn wir mitgehen.
Wenn wir den Wandel aktiv mitgestalten.
Wenn wir einander zuhören.

RADIO FUTURE sendet aus dem Jahr 2030. Das RADIO FUTURE sieht aus wie ein alter Weltempfänger aus den frühen 1950er-Jahren, rechts und links sind zwei Knöpfe zum Drehen. Rechts die Lautstärke, links der Sender. Zu Beginn der RADIO-FUTURE-Ansage ist immer ein leichtes Rauschen zu hören.

RADIO FUTURE

Der öffentliche Nahverkehr hat eine neue Stufe erreicht. Automatisierte und fahrerlose Bus-Shuttles ersetzen mehr und mehr die einstigen Busse. Am gestrigen Dienstag ist in Stuttgart eine neue Linie eingeweiht worden, die die Mitarbeiterinnen und Mitarbeiter von Daimler zur Arbeit befördern. Daimler ist nicht mehr ein reiner

Autohersteller, sondern versteht sich als Plattform für Mobilität. Der Individualverkehr wird inzwischen über künstliche Intelligenz gelenkt, vergleichbar mit Leittechniken, wie man sie vom Schienenverkehr kennt. Die Car-to-Car-Kommunikation hat die Zahl der Unfälle weiter schrumpfen lassen. Und auch der Bahnverkehr steht unmittelbar vor einer Neuerung: Ab 2031 sollen Züge »on demand« abrufbar sein. Sobald eine entsprechende Anzahl an Menschen sich auf dem Bahnsteig befindet, werden zusätzliche Züge eingesetzt. Auch hier steuert eine KI den reibungslosen Ablauf und hat den einstigen Fahrplan endgültig abgeschafft. In einem neu eröffneten Mobilitätsmuseum in Berlin werden unter anderem alte Kursbücher und gelbe Fahrpläne der Bahn ausgestellt.

INNEN

Büro von Caroline Bosbach. Das Festnetztelefon klingelt. CAROLINE, die am Computer an einem Text arbeitet, unterbricht die Arbeit, nimmt den Hörer. Am anderen Ende die Stimme einer ÄLTEREN FRAU.

ÄLTERE FRAU

Frau Bosbach? Hier ist Schmitz, guten Tag. In meinem Briefkasten lag ein Flyer von Ihnen. Ich habe da mal eine Frage ...

FOLGE 2

DÜRFEN WIR JETZT AUCH KEIN FLEISCH MEHR ESSEN?!

Wir erfahren, warum wir bald Fleisch aus dem Labor essen, dass Soja gut klingt, aber nicht immer gut ist – und warum ein Verbot des Sonntagsbratens keine Option ist.

Szene läuft →

INNEN

Büro von Caroline Bosbach, CAROLINE am Telefon, eine Frauenstimme ist zu hören.

FRAU AM TELEFON (spricht ohne Dialekt, hat etwas Liebenswürdiges in der Stimme)

Ich muss das jetzt mal so ganz direkt fragen, weil ich neulich davon gelesen habe, dass jetzt auch die CDU ... Also meine Frage: Wollen Sie uns jetzt auch noch das Fleisch verbieten? Habe ich das richtig verstanden? Will man uns jetzt bald ...

CAROLINE

Ich grüße Sie. Um da direkt einzuhaken: Was auch immer Sie gehört haben, es wird nie um ein Verbot gehen. Das hat die konservative Politik, haben unsere Verantwortlichen sicher nicht gefordert. Was ich mir vorstellen kann: Sie haben Dumpingpreise für Fleisch kritisiert. Eine Kritik, die ich nachvollziehbar finde.

FRAU AM TELEFON (kommt nun in einen Erzählmodus, CAROLINE lehnt sich zurück)

Ehrlich gesagt, gute Frau, ich versteh das nicht. Schauen Sie, nach dem Krieg, da war das Stück Fleisch für uns Kinder etwas Besonderes. Am Sonntag gab es immer einen Braten, einen Rinderbraten. Wir saßen alle um den Tisch, mein Vater persönlich hat ihn aufgeschnitten. Das hat er immer sehr akkurat gemacht, jeder bekam ein Stück, meine Brüder beäugten ganz genau, wer wie viel bekam, manchmal stritten sie. Das Fleisch hatte schon den ganzen Morgen geköchelt, wir saßen zusammen. Das war etwas Besonderes, und ich verstehe nicht, wer das jetzt verbieten will. Übrigens, Ihren Vater, den sehe ich immer sehr gerne im Fernsehen, das ist ein aufrichtiger Mann, der sagt, was er denkt. Wir haben viel zu wenige davon, die sind wie er.

CAROLINE

Vielen Dank. Um nochmal anzusetzen: Ja, die massenhafte Produktion von Fleisch auf der ganzen Welt ist tatsächlich problematisch. Dass zum Beispiel der Regenwald gerodet wird, damit noch mehr Platz geschaffen wird, um Soja anzupflanzen, um aus Soja Futter für Tiere herzustellen.

FRAU AM TELEFON (tupft sich mit einem Taschentuch die Stirn)

Unser Fleisch kam immer von einem Bauern aus der Gegend. Mein Vater kannte den. Da hat er immer das Fleisch geholt, die Familie hatte den Hof schon über Generationen.

CAROLINE

Aber so ist es heute nicht mehr. Wir haben einen globalen Fleischmarkt, der Bedarf steigt weltweit, dafür schaffen wir riesige Rinderweiden und Sojaplantagen. Denken Sie an die Schweine und Hühner in den Massentierhaltungen, diese gewaltigen Fabriken, damit wir, sooft es geht und so günstig es geht, konsumieren können. Ich denke, wir brauchen hier ein Umdenken.

FRAU AM TELEFON

Trotzdem möchte ich weiterhin meinen Braten am Sonntag. Und wenn mir danach ist, auch am Dienstag!

INNEN

Büro von Caroline Bosbach, CAROLINE in die Kamera, sie bereitet ein Video für ein soziales Netzwerk vor.

CAROLINE

Der ökologische Impact fleisch- und milchhaltiger Lebensmittel ist mir bewusst. Allerdings bin ich strikt dagegen, den Menschen vorzuschreiben, was sie zu essen haben. Ich halte es für absolut notwendig, über Fleischkonsum zu sprechen. Auch ein Stück weit aufzuklären. Sicher nicht nur wegen des Klimas, sondern vor allem auch wegen des Tierwohls. Unterm Strich bleibe ich dabei: So weit kommt es noch, dass die Politik den Bürgerinnen und Bürgern erklärt, was sie zu verzehren haben! Und ich hoffe, dass sich daran auch nichts ändert. Dennoch ist eine klare Entwicklung dahin gehend zu verzeichnen, dass jüngere Generationen weniger Fleisch essen. Es ist eine Verschiebung bestimmter Lifestyle-Segmente und Milieus zu erkennen. Daraus folgt, dass mehr und mehr Alternativen und Ersatzprodukte auf den Markt drängen: Jeder Kunde, der einmal bewusst vor einem »Milch«-Regal gestanden hat, weiß, was ich meine: Soja. Hafer. Mandel. Cashew. Kokosnuss. Oder in Kombination.

AUSSEN

Kameraschwenk über eine Weide in den bayrischen Alpen. Es sind Kühe zu sehen. Kühe, die ganz offensichtlich artgerecht gehalten werden. Die Wiesen sind saftig grün. Im Off ist ein Nachrichtensprecher zur hören:

»Für Biomilch zahlen Molkereien auch 2020 unverändert hohe Preise, obwohl die angelieferten Milchmengen steigen. Verantwortlich für das sehr robuste Wachstum bei Biomilch sind nach Angaben von Experten vor allem zwei Gründe: zum einen das veränderte Verbraucher- und Einkaufsverhalten während der Corona-Krise. Zum anderen das starke Absatzwachstum durch die großflächige Übernahme zahlreicher Biomilchprodukte durch die Discounter in ihr Sortiment. Die Preise blieben auch während der Corona-Krise – als es für die konventionellen Milchpreise nach unten ging – auf einem sehr hohen Niveau von etwa 47 Cent je Liter stabil.«

INNEN

Seminarraum der CBS-Hochschule. Professor TORSTEN WEBER spricht zu Studierenden, es ist ein größerer Raum, rund 30 Studierende sind anwesend. Hinten in der letzten Reihe sitzt CAROLINE, sie hat sich an einen Tisch gesetzt, hört dem Seminargespräch zu.

TORSTEN

Wenn wir über nachhaltiges Essen sprechen, müssen wir über Fleisch sprechen. Denn um Fleisch zu produzieren, scheint uns kein Aufwand zu gering, die Herstellung erfordert enorme Ressourcen. Das hat längst verheerende Folgen. Aufzucht, Versorgung und Schlachtung von Tieren belasten die Umwelt in hohem Maße, und ein Ende ist nicht in Sicht, der Hunger nach Fleisch lässt global betrachtet nicht nach. Laut Angaben des USDA Foreign Agricultural Service werden 2021 weltweit wohl 263 Millionen Tonnen Schweine-, Rind- und Hühnchenfleisch verzehrt werden, im Jahr 2020 waren es noch geschätzte 255 Millionen Tonnen. Eine enorme Menge. Für die Herstellung eines Kilos Rindfleisch benötigt man neun Kilogramm Getreide, 15 400 Liter Wasser und eine Nutzfläche von 49 Quadratmetern. Zudem entstehen bei der Herstellung eines Kilos Rindfleisch 22 Kilogramm Treibhausgase.

Das sind bedrückende Zahlen, das sollte uns nachdenklich stimmen.
Aber statt den Fleischkonsum nur negativ zu beleuchten, will ich heute vor allem über eine faszinierende Alternative sprechen, die gerade die Rindfleischproduktion umweltverträglicher machen kann: Heute wird es um Laborfleisch gehen, um sogenanntes In-vitro-Fleisch, das den weltweiten Hunger nach Fleisch auf eine neue, vor allem umweltverträgliche Art stillen könnte. Die Idee ist in der Tat so faszinierend, wie sie zuversichtlich stimmt. »In vitro« bedeutet, das Rindfleisch wird in Laboren gezüchtet, daher kann es in großer Menge produziert werden – ohne Massentierhaltung, ohne Tierleiden, ohne Einsatz von Antibiotika, ohne die Rodung von wertvollen Waldflächen zum Anbau von Futtermitteln. Die Herstellung klingt simpel. Es werden einem Rind einfach Gewebeproben aus dem Muskel entnommen, und mithilfe dieser gewonnenen Stammzellen können neue Muskelzellen gebildet werden, neues Gewebe, neues Fleisch. Das heißt: Statt auf riesigen Weideflächen züchtet man sich Fleisch einfach in Laboren, schadet keinem Tier und nicht der Umwelt. Die Frage an Sie: Was meinen Sie, glauben Sie an das Potenzial von Laborfleisch? Worin liegen die Herausforderungen?

TORSTEN blickt in die Runde. Es meldet sich eine STUDENTIN

STUDENTIN 1

Das klingt auf jeden Fall so, als könnten damit einige Probleme gelöst werden. Aber kann man dieses Laborfleisch schon kaufen?

TORSTEN

Im Prinzip wäre man schon so weit. 2013 gab es bereits Bilder vom einem ersten Burger, der aus gezüchtetem Hackfleisch hergestellt wurde. Aber wie weit genau die Forschung wirklich ist, darüber gibt es nur Vermutungen, das sind zum Teil ja auch Geschäftsgeheimnisse. Von einem Hersteller aus den USA, der Firma Eat Just mit Sitz in San Francisco, ist zu hören, dass ihre »Chicken Bites« aus Labor-Hühnchenfleisch erstmals zum Verkauf zugelassen wurden. Allerdings, so ist auch zu hören, scheint die Produktion noch sehr aufwendig und enorm teuer zu sein. Daher sind sie noch weit davon entfernt, wirklich massentaugliche Supermarktprodukte herzustellen.

STUDENT 2 (fragt, ohne sich zu melden, er hat sich zurückgelehnt und die Arme hinter dem Kopf verschränkt)

Warum ist das so aufwendig?

TORSTEN

Ich kann es mal für Rindfleisch erklären. Damit aus den Stammzellen neues Gewebe entsteht, müssen wirklich ideale Bedingungen geschaffen werden. Die Temperatur muss exakt stimmen, und zudem brauchen die Zellen ganz bestimmte Nährstoffe, um sich zu vermehren und sich zu Gewebe zusammenzusetzen. Hört sich vielleicht einfach an, ist es aber nicht.

STUDENTIN 1 (die sich wieder gemeldet hat)

Ich habe mal eine andere Frage: Würde man eigentlich einen Unterschied schmecken? Also zu echtem Fleisch?

TORSTEN

Nun, das ist die spannendste Frage, schließlich entscheidet am Ende der Geschmack. Nach dem, was man hört, steht und fällt alles mit dem Verhältnis von Fett zu Muskel. Und ob es gelingt, dass die Gewebestücke tatsächlich zu einem festen Muskel zusammenwachsen. Was bisher geklappt hat, war die Produktion von Hackfleisch, also sogenanntes unstrukturiertes Gewebe. Das ist natürlich einfacher. Aber wie Wachstum bei einem Steak aussehen soll, scheint noch unklar zu sein. Dafür muss der Muskel Stück für Stück größer werden und das Gewebe nicht nur mit einer labortauglichen Nährstofflösung versorgt werden, sondern auch mit so etwas wie Blut. Außerdem müsste der künstliche Muskel irgendwie trainiert werden, das Rind auf der Weide bewegt sich ja. Dennoch, um das ganz deutlich zu machen: Laborfleisch ist echtes Fleisch. Das ist kein Fleischersatz, kein künstliches Fleisch, das sind die Zellen eines lebenden Tieres.

STUDENT 3 (sitzt vorne, neben dem Tisch von TORSTEN, er trägt ein Sakko und spricht mit leichtem Akzent)

Also, ich kann mir gut vorstellen, das zu essen. Es zumindest mal auszuprobieren. Was glauben Sie, wann können wir das im Supermarkt kaufen?

TORSTEN

Nun, alles hängt davon ab, ob das Laborfleisch massentauglich hergestellt werden kann. Überlegen Sie selbst: Um allein die warme Umgebung für die Zellen zu schaffen, müssten wahrscheinlich riesige Inkubatoren gebaut werden, um Fleisch in großen Mengen reifen zu lassen. Dafür müssten ebenfalls große Mengen an Energie bereitgestellt werden. Das ist der Haken!

STUDENTIN 1

Es ist also klimaschädlich?

TORSTEN

Genau, es gibt Modellrechnungen, die besagen, dass die Produktion von In-vitro-Fleisch ohne hundert Prozent erneuerbarem Strom ähnlich viele Treibhausgase verursacht wie die herkömmliche Fleischherstellung. Was das Klima angeht, kämen wir da vom Regen in die Traufe. Aber: Die Tiere würden weniger leiden, und wir könnten sowohl auf Massentierhaltung als auch riesige Schlachthöfe verzichten. Aber ob wir das wirklich bald essen werden, ist nicht abzusehen. Im Moment würde ein Burger-Patty so um die elf US-Dollar kosten – hört sich nicht wirklich nach einer günstigen Alternative an. Auch wenn das natürlich ein Riesenfortschritt ist. Der erste Burger, 2013, kostete in der Herstellung rund 300 000 US-Dollar. In diesem Sinne machen wir Schluss, ich wünsche Ihnen alles Gute!

INNEN

Seminarraum der CBS-Hochschule. Die Studierenden sind gegangen. Der Raum ist leer, die Lichter im hinteren Teil des Raums sind gelöscht. TORSTEN und CAROLINE tauschen sich noch über Ernährungsfragen aus. CAROLINE hat nicht zuletzt nach dem Anruf der ÄLTEREN FRAU erkannt, dass Ernährung ein immer emotionaleres Thema wird und dass man heute zwischen den Vorlieben für Nackensteaks aus der Plastikverpackung und dem In-vitro-Fleisch aus dem Labor balancieren muss.

CAROLINE

Würdest du Laborfleisch essen?

TORSTEN

Ja, auf jeden Fall. Es ist ja nicht unnatürlich.

CAROLINE

Ich glaube, das hat ein Riesenpotenzial.

TORSTEN

Aber vielleicht sollten wir einfach alle weniger Fleisch essen. Das müsste die Botschaft sein: Esst weniger Fleisch! Wobei Fleisch ein sensibles Thema in Deutschland ist, da ist immer die Hölle los, wenn man das sagt.

CAROLINE

Irgendwie auch zu Recht! Man kann anderen schlecht sagen, was sie zu essen haben. Wie mit den Tieren zum Teil umgegangen wird, damit habe auch ich ein echtes Problem. Aber das ist meine persönliche Sache. Der Anteil der Vegetarier liegt hierzulande bei rund zehn Prozent, der Anteil von Veganern bei rund zwei Prozent. Fleisch zu essen ist immer noch das vorherrschende »Normal« und Verbotspolitik keine Lösung. Ich bleibe dabei: In vitro finde ich als Projekt spannend, zukunftsorientiert, vorteilhaft.

TORSTEN

Ich meine, dass sich der Pro-Kopf-Verzehr in Deutschland ohnehin reduziert hat.

CAROLINE

Nach Angaben des Bundeslandwirtschaftsministeriums lag der geschätzte Pro-Kopf-Verzehr im Jahr 2019 bei rund 60 Kilogramm pro Einwohner, 2013 waren es noch 66 Kilogramm. Allerdings hat sich der weltweite Fleischkonsum in den vergangenen 20 Jahren mehr als verdoppelt. So steht es zumindest im aktuellen »Fleischatlas«. Und bis 2028 soll der Konsum noch einmal um 13 Prozent wachsen. Allerdings, und das ist auch die Wahrheit, boomen gerade in Deutschland die eben erwähnten Fleischersatzprodukte aus Soja oder Weizenproteinen. Im Jahr 2019 wurden 26 600 Tonnen davon verkauft mit einem Umsatz von 273 Millionen Euro, Rekord. Mit Fleisch und Wurst wurden im selben Zeitraum jedoch 40,1 Milliarden Euro umgesetzt.

TORSTEN

Fleisch lässt sich sogar schon ausdrucken ...

CAROLINE

Ausdrucken?

TORSTEN

Hast du schon von Aleph Farms in Israel gehört? *(Kopfschütteln bei CAROLINE)* Das Start-up hat 2017 angefangen, mithilfe der 3-D-Bioprinting-Technologie Steaks herzustellen, in Aussehen, Geschmack und Konsistenz wie echtes Entrecote vom Rind. Inzwischen können sie Rinderzellen, die sie einer Kuh ohne Schmerz entnehmen, in großen Bioreaktoren mit einer speziellen Nährlösung innerhalb von wenigen Wochen zu einem komplexen Gewebe heranwachsen lassen: mitsamt Fettzellen, Muskelzellen, Stützzellen und Zellen von Blutgefäßen. Aleph Farms sagt, dass sich die Technik für jede Art von Fleisch nutzen lässt. Aber natürlich ist es noch deutlich teurer. Noch. Im Frühjahr hat das Unternehmen bekannt gegeben, dass es mit BRF kooperieren möchte, einem der größten Rindfleischproduzenten der Welt. Und auch die Schweizer Migros Industrie beteiligt sich inzwischen.

INNEN

DIE STATISTIK-ECKE

In 20 Jahren werden die Menschen immer noch Fleisch essen, aber davon werden nur 40 Prozent aus der Tierproduktion kommen, sagt Didier Toubia, CEO von Aleph Farms. Das israelische Start-up gehört zu einem kleinen Kreis von Unternehmen, die Fleisch aus tierischen Zellen im Labor züchten. In dem in *Trends in Biotechnology* veröffentlichten Artikel »The Business of Cultered Meat« heißt es, dass weltweit 32 Unternehmen an künstlichem Fleisch arbeiten. Davon 25 Prozent an Rindfleisch, 22 Prozent an Geflügel, 19 Prozent an künstlichem Schweinefleisch, Nach Angaben der Unternehmensberatung A. T. Kearney könnte Zuchtfleisch schon bald ein milliardenschweres Geschäft werden.

INNEN

Seminarraum der CBS-Hochschule. TORSTEN und CAROLINE sind immer noch im Halbdunkel des Seminarraums, sie tauschen sich noch weiter über Ernährungsfragen aus.

CAROLINE

Eine bloße Erhöhung des Fleischpreises ist jedenfalls nicht der einzige Weg, wir brauchen vielmehr preislich konkurrenzfähige Alternativen. Zumal eine Preiserhöhung sehr gut begründet werden muss. Zum Beispiel, weil mehr investiert wird in artgerechte Haltung und qualitatives Futtermittel. Preissensible Verbraucher werden dadurch zwangsläufig ihren Fleischkonsum reduzieren und auf qualitativ hochwertige Produkte setzen. Ad hoc kann diese Entwicklung jedoch nicht stattfinden, es ist ein schleichender Prozess, der auch davon abhängt, was der Verbraucher möchte, welchen Preis er für Tierwohl und Klimaschutz zu zahlen bereit ist. Aber erklär mal: Was sagt man Menschen, die Vegetarier beschimpfen, weil durch ihren Sojahunger der Regenwald gerodet und der Klimawandel angeheizt wird? Das habe ich schon oft gehört.

TORSTEN

Brasilien, nur als Beispiel, hat die Anbauflächen für Sojabohnen in den vergangenen 15 Jahren verdoppelt, inzwischen produziert das Land rund 114 Millionen Tonnen pro Jahr. Allerdings werden mehr als 80 Prozent der weltweit geernteten Sojabohnen nicht für den »Vegetarier-Bedarf« verwendet, sondern zu Futtermittel für die industrielle Tiermast verarbeitet. Der Vorwurf gegenüber vegetarisch oder vegan lebenden Menschen lässt sich also leicht entkräften.

INNEN

Büro Caroline, CAROLINE spricht in die Kamera, arbeitet wieder an einem Video für Instagram.

CAROLINE

Soja kennt inzwischen jeder und ist längst raus aus der Öko-Ecke. Soja kann echt viel. Soja ist eine perfekte pflanzliche Eiweißquelle, sie besteht zu 35 Prozent aus Protein. Der Ursprung von Soja liegt in China, wo man es bereits seit Tausenden von

Jahren als Nahrungsmittel anbaut. Seine Inhaltsstoffe sind gut bei Schilddrüsen- und Herz-Kreislauf-Erkrankungen. Und mit einem Kohlenhydratanteil von sechs Prozent gehören Sojaprodukte zu den kohlenhydratarmen Lebensmitteln, ein echter Schlank- und gleichzeitig Sattmacher. Auch wegen dieser Top-Eigenschaften ist Soja inzwischen die Hauptzutat vieler Fleischalternativen in Form von Hacksteaks, Schnitzel oder Nuggets. Dazu gibt es Sojamilch und Sojajoghurt. Die Hälfte aller geernteten Sojabohnen kommt aus Südamerika. Dort wird Soja meist in riesigen Monokulturen angebaut, wo einst Regenwälder oder Savannen waren. Der zweitgrößte Sojaproduzent ist Nordamerika. Allerdings werden in Nord- und Südamerika überwiegend gentechnisch veränderte Sorten verwendet, deren Anbau in der EU nicht zugelassen ist. Weil die Nachfrage nach gentechnikfreiem Soja steigt und Verbraucher sensibler gegenüber dem Thema »Regenwald und Rodung« geworden sind, steigt die Nachfrage nach europäischem Soja. Hauptanbaugebiete sind Italien, Serbien, Frankreich und Rumänien.

INNEN

Im Rahmen des Wahlkampfs findet eine Digitalkonferenz für Bürgerinnen und Bürger statt, ein virtuelles Townhall-Meeting, auch CAROLINE stellt sich den Fragen der Bürger. Ein BÜRGER, zugeschaltet per Zoom, stellt eine Frage zum Thema »Ernährung«.

BÜRGER 1

Ich glaube, was Sie zur Ernährung sagen, ist nur so ein Hipster-Veggie-Thema. Die meisten Menschen in Deutschland wollen gut und gesund essen. Aber Essen ist für sie keine Ideologie, und sie stehen sicher auch nicht hinter diesem Feldzug gegen Fleisch.

CAROLINE

Das ist vermutlich nicht ganz richtig. Im Juli 2020 hat das Unternehmen Rügenwalder Mühle bekannt gegeben, erstmals mehr fleischlose Produkte als echte Wurst zu produzieren. Das ist der Hammer. Eine ehemals reine Wurstfabrik liefert inzwischen mehr vegetarische Wurst und fleischloses Hack. Offenbar sind gerade in der Corona-Zeit viele Verbraucher umgestiegen und haben verstärkt auf vegetarische Produkte gesetzt.

BÜRGER 1

Das ist doch nur Marketing. Die haben mit den Produkten mehr Umsatz gemacht, weil sie viel teurer sind.

CAROLINE

Nein, es ist wirklich mehr produziert worden. Und sie haben auch die Zahl der Mitarbeiter deutlich erhöht. Allein 2020 sind 150 Mitarbeiter neu eingestellt worden, außerdem haben sie eine neue Produktionsstätte errichtet und neue Maschinen angeschafft. Die Produktion von Fleischersatz entwickelt sich nicht nur zum Umsatzbringer, sondern schafft auch neue Arbeitsplätze. Und die Arbeitsbedingungen sind auch anders als das, was wir aus den Schlachthöfen kennen.

BÜRGER 1

Das unterstütze ich auch nicht, die Arbeiter in Schlachthöfen sollen auf jeden Fall angemessen bezahlt und untergebracht werden. Aber das geht halt alles auf den Preis.

CAROLINE

Die Rügenwalder Mühle ist nicht das einzige Beispiel. In Holland hat der Lebensmittelkonzern Vion mit der Fleischerei »De groene Weg« eine höchst erfolgreiche Bio-Sparte aufgebaut und ist inzwischen der zweitgrößte Produzent von Bio-Schweinefleisch und Bio-Rindfleisch in Europa. Mehr als 100 Landwirte liefern dem Unternehmen regelmäßig nach Bio-Maßstäben gezüchtete Tiere, also nicht aus großen Mastbetrieben. Derzeit entsteht »Der grüne Weg« auch in Deutschland. Weil das Unternehmen auch bei uns eine wachsende Gruppe bewusst lebender Verbraucher verzeichnet, die eine Alternative zu Billigfleisch suchen.

BÜRGER 1

Die Alternative muss halt bezahlbar sein.

INNEN

Büro von Torsten Weber in der CBS-Hochschule. TORSTEN ist gerade zu Gast in einem Podcast, der sich um Ernährung und Nachhaltigkeit dreht. Er sitzt auf seinem Bürostuhl, hat einen Kopfhörer auf, der Podcast-Host hat gerade gefragt, inwieweit es sinnvoll ist, vonseiten der Politik einfach Fleisch zu verbieten. TORSTEN setzt zu einer Antwort an:

TORSTEN

Im April 2013 verabschiedete die Partei Bündnis 90/Die Grünen ein Wahlprogramm für die Bundestagswahl, in dem vor allem ein Punkt für viel Streit gesorgt hat. Es ging um den hohen Fleischverbrauch in Deutschland, Massentierhaltung und die sozialen und ökologischen Folgen des Fleischkonsums. Und dann stand da als Forderung: »Öffentliche Kantinen sollen Vorreiterfunktionen übernehmen. Angebote von vegetarischen und veganen Gerichten und ein *Veggie Day* sollen zum Standard werden.« Sofort war die Debatte da. Man wolle den Menschen das Fleisch verbieten, sie weiter einschränken, ihnen vorschreiben, wie sie zu leben haben. Darüber kann man in der Tat geteilter Meinung sein. Inzwischen gibt es eine Reihe von Kantinen, die solche fleischfreien Tage in ihr Programm aufgenommen haben. Zumal sich Essgewohnheiten ändern und sich viele Menschen auch gesünder ernähren wollen. Gerade Jugendliche und junge Erwachsene verzichten immer öfter auf Fleisch. Für den »Fleischatlas 2021« wurden Menschen zwischen 15 und 29 Jahren zu ihren Ernährungsgewohnheiten befragt. Das Ergebnis deutet auf einen Wandel hin: Fast 11 Prozent der Befragten ernähren sich vegetarisch, 2,3 Prozent sogar vegan. Das Besondere: Rund ein Drittel derjenigen, die sich vegetarisch oder vegan ernähren, haben ihre Ernährung erst im vergangenen Jahr umgestellt. Weitere 25 Prozent der Befragten gaben an, den eigenen Fleischkonsum freiwillig einzuschränken – die sogenannten Flexitarier. Auffällig ist auch, dass der Fleischverzicht politisch begründet wird. Die meisten der Befragten lehnen die praktizierte Tierhaltung und die schlechten Arbeitsbedingungen in den Schlachtbetrieben ab. Die Jüngeren fordern von der Politik Klimakennzeichnung von Lebensmitteln und strengere Tierschutzgesetze. Man kann es auch so sagen: Will man jüngere Menschen erreichen, braucht man eine vernünftige Verbraucherpolitik.

INNEN

Büro Caroline Bosbach. CAROLINE in die Kamera. Sie dreht ein kurzes Video für ein soziales Netzwerk.

In meiner Partei gab es vor einiger Zeit eine bemerkenswerte Diskussion.
Es ging auch und vor allem um Grillgut.
Es gab zwei Lager.

Die eine Seite konstatierte,
dass die CDU immer noch als die Partei des Verbrennungsmotors,
des Schweinenackensteaks und des Arbeitens bis zum Umfallen gelte.
Die andere Seite sah darin wenig Verwerfliches,
sondern bekräftigte,
die »Nackensteak-Esser seien das Rückgrat der Gesellschaft«.

Überspitzt formuliert: Das sehe ich auch so.
Das Rückgrat unserer Gesellschaft sind diejenigen,
die von morgens bis abends arbeiten gehen
und ihre Steuern zahlen.
Damit dieser Sozialstaat funktioniert.
Als Leistungsträger möchten sie sich nicht
auch noch gängeln lassen.
Und sich anhören müssen, sie würden etwas »kaputt machen«.

Das Klima, was auch immer.
Durch ihren Konsum.

Allerdings bin ich mir nicht mehr so sicher,
ob man so klar sagen kann,
wer in Zukunft das Rückgrat der Gesellschaft bildet.

Viele meiner Generation verzichten sehr bewusst auf
die »Nackensteaks«.
Und es wird immer schwerer,
Verbrauchern Verständnis abzuringen für die Rodungen
des Regenwalds.
Oder Massentierhaltung.

Ja, wir sind ein Land der Fleischesser.
In Deutschland wird sogar mehr Schweinefleisch produziert,
als gegessen wird.
Deutschland gehört zu den weltweit größten Exporteuren
von Schweinefleisch.
Die Produktion ist perfektioniert, die Schweine haben von
ihrer Geburt bis zu ihrem Tod in den meisten Fällen nicht
einmal die Sonne gesehen.
Die Zuchtsauen leben in Kastenständen,
in denen sie nur liegen und stehen können.
Das alles nehmen wir hin,
das alles muss uns bewusst sein.

Ja, wir diskutieren über eine höhere Mehrwertsteuer auf
Fleischprodukte,
über eine Tierwohlabgabe und über teurere Fleischpreise.
Es geht aber nicht nur um Tierwohl.
Es geht auch um Menschenwohl.

Denn immer mehr Verbraucher lehnen Fleisch auch aus Gesundheitsgründen ab.
Zu viel Fleischkonsum fördert die sogenannten Zivilisationskrankheiten
wie Bluthochdruck, Herzinfarkt, Diabetes.

Trotzdem soll man niemandem das Fleisch verbieten.
Denn es gibt auch noch: Eigenverantwortung.

Wichtig ist eine Sensibilisierung für die Produktion von Billigfleisch
und die damit verbundenen Schäden an Mensch, Umwelt und Natur.
Dies bei gleichzeitiger Forschung und Investition
in preislich konkurrenzfähige Alternativprodukte wie Fleisch aus dem Labor,
Fleisch aus dem Bio-Printer,
Fleisch aus rein pflanzlichen Zutaten.

Ich sehe das als Aufgabe unserer Generation,
und das unterscheidet meine Partei vom politischen Gegner.
Er verbietet, ohne Alternativlösungen aufzuzeigen,
und stellt sich damit gegen die Forschung für technisch Machbares, gegen innovative, zukunftsfähige Formen des Konsums.
Weil er beidem ohnehin ablehnend gegenübersteht.

RADIO FUTURE SENDET AUS DEM JAHR 2030

In der Bolkerstraße in Düsseldorf hat am vergangenen Dienstag das »Just Meat« eröffnet. Das Restaurant ist Teil einer globalen Food-Kette und in Deutschland nach Berlin, Köln, Hamburg und München bereits der fünfte Standort. Weltweit gibt es »Just Meat« 156-mal, schon bald sollen es 500 sein. Zum Konzept gehört, dass ausschließlich im Labor gezüchtetes Rindfleisch angeboten wird. Seitdem es gelungen ist, massentaugliches Laborfleisch klimaneutral zu produzieren, boomt der Markt, längst sind die Verbraucher nicht mehr skeptisch, sie haben sich an das neuartige Fleisch gewöhnt - und das aus einem einzigen Grund: Der Geschmack ist absolut identisch mit normalem Rindfleisch. Im »Just Meat« gibt es Burger, Steaks, Fajitas - und dafür musste kein einziger Baum gerodet werden. Zur Eröffnung sind hunderte Gäste gekommen.

FOLGE 3

WARUM IST NACHHALTIGKEIT EIGENTLICH KEIN SCHULFACH?

Während eines Besuchs versucht Torsten zu erläutern, was unter Nachhaltigkeit zu verstehen ist und dass auch das Anfertigen einer Steuererklärung zu nachhaltiger Bildung gezählt werden kann. Caroline warnt davor, Kindern mit den Folgen des Klimawandels Angst zu machen, stattdessen müsse ein Weg gefunden werden, Ökonomie mit Ökologie zu versöhnen.

Szene läuft →

INNEN

Gymnasium in Frankfurt. In der Aula haben sich rund 100 Schülerinnen und Schüler versammelt. Stühle werden gerückt, es wird getuschelt. Durch das Fenster scheint die Frühlingssonne. Einige LEHRER sitzen am Rand. Vorne auf der Bühne steht Professor TORSTEN WEBER. Es ist ein Beamer aufgebaut, die Bühne ist eingerahmt von einem rötlichen Vorhang, an der Wand kleben noch Requisiten von einer Schultheateraufführung. TORSTEN hat gerade einen Impulsvortrag gehalten, er wurde eingeladen, um über Nachhaltigkeit zu sprechen. Nun beginnt eine Fragerunde, mehrere SCHÜLER melden sich.

SCHÜLER 1 (steht auf, er hat einen blauen Kapuzenpulli an, eine ausgebeulte Jeans, er hat kurze blonde Haare, spricht sehr schnell, fast ein bisschen undeutlich)

Ja, danke, mein Name ist Max. Ich mache nächstes Jahr Abitur, und es stimmt wirklich: Ich habe Franz Kafkas *Verwandlung* gelesen, Vektorrechnung gemacht und für das Abi viel Wahrscheinlichkeitsrechnung. Aber wenn ich ehrlich bin, habe ich von vielen Sachen nicht so viel Ahnung. Ich wüsste nicht, wie eine Steuererklärung geht und was man da reinschreiben muss. Auch wie und für was man eine Versicherung abschließt, könnte ich nicht genau sagen. Mir war auch nicht klar, dass Steuererklärung und Versicherungen etwas mit Nachhaltigkeit zu tun haben. Deshalb fand ich Ihren Vortrag wirklich gut, da ich von der Bandbreite der Themen wirklich überrascht war. Vielleicht hätten Sie noch mehr zu Biodiversität sagen können, weil wir das gerade in Bio durchnehmen. Aber um nochmals auf die angesprochene Alltagskompetenz zurückzukommen: Wie haben Sie das denn gemacht, damals, wer hat Ihnen das beigebracht, Steuererklärung, Versicherungen?

TORSTEN

Danke, Max. Ja, tatsächlich hat mir das niemand beigebracht. Das war Learning by Doing, wie bei den meisten, die ich kenne.

SCHÜLER 2 (ruft dazwischen)

Aber warum sollen wir das dann in der Schule lernen?

TORSTEN

Nun ja, ist es nicht von Vorteil, wenn man schon früh auf bestimmte Aspekte des Lebens vorbereitet wird, wenn dir so etwas wie Alltags- oder Lebenskompetenz beigebracht wird? Und Nachhaltigkeit ist eben nicht nur ein Öko-Thema. Eine nachhaltige Bildung umfasst immer auch ökonomische Fragen, also muss sie sich mit diesen Fragen auch beschäftigen. Fortschritt heißt Veränderung, und jeder Wandel ist mit Kosten verbunden. Kosten, die in einer Gesellschaft durch das Versteuern von erwirtschafteten Gewinnen der Privatwirtschaft finanziert werden müssen. Von jedem Einzelnen. Wir sind die Gesellschaft. Du und ich. Wir. Alles hat seinen Preis. Auch der Fortschritt und damit der technologische Wandel hin zu einer nachhaltigen dekarbonisierten Wirtschaft. Proaktiv kann der Wandel nur von jedem Einzelnen gestaltet werden, wenn er die finanziellen Mittel dazu hat. Das muss nicht heißen, dass ihr keinen Kafka mehr lesen oder euch nicht mehr mit Vektoren beschäftigen sollt. Ein Schulfach Nachhaltigkeit sehe ich als Ergänzung. Dabei ist es wichtig, das Thema nicht auf Erderwärmung und Biodiversität zu begrenzen, sondern Nachhaltigkeit wesentlich ganzheitlicher zu betrachten.

LEHRERIN (hat bisher am Rand gelehnt, tritt nun einen Schritt vor)

Sie haben in Ihrem Vortrag sehr viel von der wirtschaftlichen Nachhaltigkeit gesprochen, von ökonomischer Kompetenz und beispielsweise auch von der vermeintlichen Notwendigkeit, eine Steuererklärung ausfüllen zu können. Das klingt alles nachvollziehbar, aber im Grunde sehe ich das ähnlich wie Max, das lernt man doch nebenbei, im Alltag. Deshalb frage ich ein wenig provokant: Was soll das denn mit Schulbildung zu tun haben? Hier in der Schule werden Grundlagen für den Wissenserwerb gelegt und im besten Fall die Begeisterung fürs Lernen geweckt. Gelingt dies, sind Schüler doch besser vorbereitet als mit einem, ich sage mal, Grundkurs Steuererklärung.

TORSTEN

Wirtschaftskompetenz ist natürlich nur ein Teil dessen, was wir als Zukunftskompetenzen bezeichnen. Es geht darum, auf ein Leben vorzubereiten, dem mit vielen Bildungsinhalten nicht mehr beizukommen ist. Wer sich mit Steuern beschäftigt, beschäftigt sich zwangsläufig mit ihrer Systematik, und auch wenn es komplex ist, so ist es in seinen Grundzügen doch logisch. Wenn man diese Logik einmal verstanden hat, dann weiß man, wieso Investitionen, die der Staat als sinnvoll erachtet, steuerlich absetzbar sind und warum manche Güter mit einer Zusatzsteuer belegt sind. Warum das sinnvoll ist? Weil unser Staat nicht alles allein leisten kann. Es bedarf dazu in vielen Bereichen der Initiative der Privatwirtschaft und jedes Einzelnen von uns. Der Staat verfolgt hier einen Lenkungsgedanken und möchte zugleich Anreize bieten, um in aus seiner Sicht sinnvolle Dinge zu investieren. Und dann sind wir nicht mehr weit weg vom Unternehmertum und der Frage, ob das reine, auf Wachstum ausgerichtete Unternehmertum sich nicht vielleicht schädlich auf Umwelt und Ressourcen auswirkt, sondern auch, ob der Staat nicht durch weitere kluge Anreizsysteme das Investieren in Nachhaltigkeit im Allgemeinen steuerlich privilegieren müsste. Dies wäre absolut logisch, da ein kurzfristig erzielter Gewinn tatsächlich wenig bringt, wenn dadurch die Grundlagen unserer aller Leben und damit des Wirtschaftens überhaupt Schaden nehmen. Es sind Fragen wie diese, die ich nie in der Schule behandelt habe. Rückblickend hätte ich mir sehr gewünscht, dass wir mal darüber gesprochen, um Antworten gerungen hätten. Wer nicht aus einem Unternehmerhaushalt kommt, hat in seiner Schulzeit eigentlich nie die Chance, mit Unternehmertum in Berührung zu kommen.

LEHRER (tritt wie seine Kollegin ebenfalls nach vorne und ergreift das Wort)

Wenn Schüler es nicht in der Schule lernen, dann müssen sie es eben zu Hause lernen. Man muss auch die Eltern in die Pflicht nehmen. Schule hat ja nur eine begrenzte Funktion.

TORSTEN (an den LEHRER gerichtet)

Sie haben sicher recht, es müssen nicht immer die ganz großen Räder gedreht werden. Allerdings geht es bei einem Fach Nachhaltigkeit nicht nur darum, den Grundstein für die Verzahnung von Ökologie und Ökonomie zu legen. Es geht beispielsweise auch um Fairness. Sie werden sicher sagen, das werde in jedem Fach gelehrt. Aber ich habe da meine Zweifel - solange Schulen auf das individuelle Ergebnis, auf Noten abzielen, was nicht verkehrt ist als Leistungsmaßstab. Nur Tatsache ist eben auch, dass ein Thema wie Teamfähigkeit bei einem reinen Fokus auf individuelle Leistung im Hintergrund bleibt - und auch das hat etwas mit Nachhaltigkeit zu tun. Große Aufgaben können nur im Team gelöst werden. Niemand vereint alle notwendigen Lösungskompetenzen in seiner Person. Teams brauchen klare Regeln zwischen den jeweiligen Mitgliedern, aber auch im Verhältnis zu anderen Teams. Je früher junge Menschen lernen, im Team zu arbeiten, desto besser die Kritik- und Kommunikationsfähigkeit jedes Einzelnen, und innerhalb des Teams gilt: je diverser, desto produktiver. Dadurch steigt das Bewusstsein dafür, dass unter Umständen auch gute Ideen immer wieder aufs Neue argumentativ verteidigt werden müssen. Zugleich steigen Respekt und Akzeptanz gegenüber der Meinung anderer, und das führt wiederum dazu, manchmal auch die eigene Meinung zu korrigieren. Letztlich funktioniert so Unternehmertum: Trial and Error. Hinfallen und Aufstehen. Reden. Abwägen. Entscheiden. Und wenn dieses Verständnis bei jungen Menschen reift, dann kann unsere Gesellschaft auch die Transformation hin zu einer nachhaltigeren Wirtschaft erfolgreich meistern.

SCHÜLER

Gibt es eigentlich ein Land, das so einen neuen Unterricht schon umgesetzt hat?

TORSTEN

Italien ist ein gutes Beispiel. Italien hat 2019 das Schulfach »Klimawandel und nachhaltige Entwicklung« in den Lehrplan aufgenommen. Da beschäftigen sich nun zum Teil schon die Schülerinnen und Schüler einmal pro Woche mit Nachhaltigkeit, und zwar alle von der ersten bis zur 13. Klasse. Bei den jüngeren Kindern geht es eher um ältere Kulturen und welche Beziehung sie zu ihrer Umwelt haben. Die älteren Kinder lernen mehr über die Entstehung und die Folgen des Klimawandels, den schleichenden Niedergang der Ökologie und dass auch die UN-Agenda 2030 für nachhaltige Entwicklung ein Thema ist. Den Bildungspolitikern ging es aber auch darum, dass Klimawandel und Nachhaltigkeit nicht bloß in dem neuen Fach Beachtung finden, sondern dass diese Themen in den gesamten Lehrplan einfließen, eben auch in Mathe, Physik oder Geografie. Gerade Erdkunde bietet sich an, über die Einflüsse menschlichen Handelns auf unseren Planeten zu sprechen. In Deutschland ist man bisher zurückhaltend bei dem Thema. Es gab eine Reihe von Pilotprojekten, aber aus dem Forschungsministerium in Berlin war bisher zu hören, dass Nachhaltigkeit kein Schulfach sein muss. Ich sehe es da aber wie die Forscher vom Potsdamer Institut für Klimafolgenforschung, die sagen: »Nachhaltigkeit kann nicht auferlegt werden, sie muss erlernt werden.« Genau das ist der Punkt. Wie werden Nachhaltigkeit nicht verordnen können. Menschen müssen Nachhaltigkeit von Grund auf lernen. Nachhaltigkeit muss begriffen und vermittelt werden. Ohne Angst zu verbreiten, ein schlechtes Gewissen zu machen oder autoritäre Maßnahmen zu ergreifen. Das ist eine enorme Chance für junge Menschen, aber eben auch für Lehrkräfte und Schulen, diese Themen aufzugreifen. Denn Nachhaltigkeit heißt ja im besten Fall nicht Verzicht oder Verbot.

Die Schulglocke läutet, die Schüler springen auf. Eine LEHRERIN mahnt sie, sie sollten noch sitzen bleiben. Die Schüler halten kurz inne, die Lehrerin bedankt sich bei TORSTEN WEBER für den Impulsvortrag und die Diskussion.

AUSSEN

TORSTEN hat die Schule verlassen und sieht auf seinem Smartphone, dass CAROLINE angerufen hat. Er hat den Lehrerparkplatz erreicht, stellt sich in den Schatten einer großen Buche. Er ruft CAROLINE zurück und macht sich nach einer kurzen Begrüßung ein bisschen Luft.

TORSTEN

Boah, echt jetzt, das war schwierig.

CAROLINE

Bist du wieder in einer Schule?

TORSTEN

Ja, das war jetzt Nummer 14, die ich mit einem Vortrag besuche, aber hier war es schon anstrengend. Kein Vergleich zu den beiden Schulen in der vergangenen Woche.

CAROLINE

Wurdest du am Ausgang von Fridays for Future auf dem Weg zur Demo abgefangen, oder wie stelle ich mir das vor?

TORSTEN

Ach, Caro, sei doch nicht zynisch, wenn es um die geht. Es ist doch absolut positiv, wenn junge Menschen ein Zeichen setzen wollen, dass ihnen die Umwelt nicht egal ist.

CAROLINE

Himmel, aber doch nicht so! Was ihnen wirklich fehlt, ohne hier jetzt groß ins Detail zu gehen, ist ein ökonomisches Verständnis, dass man eine Wirtschaft nicht einfach so über die Klinge springen lassen kann. Manchmal glaube ich, die Schülerinnen und Schüler können schlichtweg nicht einschätzen, welche ökonomischen Folgen ihre radikalen Forderungen haben. Wir müssen dringend austarieren, was wir einer ohnehin durch Corona gebeutelten Wirtschaft zumuten wollen. Und das dürfen wir nicht ein paar Schülern überlassen.

TORSTEN

Dafür muss aber auch die Wirtschaft in die Verantwortung genommen werden. Unternehmen sollten Entscheidungen künftig nicht nur nach rein ökonomischen Kriterien - zu erwartende Kostenersparnis, zu erwartender Gewinn - treffen, sondern verstärkt auch im Hinblick auf die absehbaren ökologischen Folgewirkungen. So schafft man auch dort Bewusstsein. Zur Wahrheit gehört jedoch auch, dass der Staat hierfür die nötigen Rahmenbedingungen in Form von Anreizsystemen schaffen muss. Aber warum hast du eigentlich angerufen?

CAROLINE

Ja, mir hat ein großer Sportverband gemailt, ob wir beide über Nachhaltigkeit im Sport sprechen wollen. Interesse?

TORSTEN

Immer! Das Thema Refurbishment passt auch für Sportartikel prima.

CAROLINE

Ein letzter Satz zum Thema Schule. Ich denke, wenn wir über nachhaltige Bildung sprechen, reden wir vor allem über den Erwerb von Zukunftskompetenzen. Und das können wir nicht, ohne Digitalisierung, Technologien, besonders KI in den Fokus zu nehmen.

TORSTEN

Ja, klar. Wir haben im letzten Jahr gesehen, wie spärlich unsere Schulen mit Tablets und Co. ausgestattet waren.

CAROLINE

Digitale Bildung bedeutet mehr, als Tablets anzuschaffen oder Plattformen aufzubauen. Damit ist es in meinen Augen nicht getan.

TORSTEN (lacht)

Na ja, wenigstens die Digital Natives sind doch recht fit!

CAROLINE

Aber worin genau? Mit schönen Storys bei Instagram verdienen nur die wenigsten Geld. Was ist mit Informatik, Datenverarbeitung und der Nutzung künstlicher Intelligenz? Ich denke, dass wir die Menschen vorbereiten müssen auf die dominierenden Technologien unseres Jahrhunderts. Es geht nicht nur um den souveränen Staat. Es geht vor allem auch um den souveränen Bürger. Als

Unternehmer, Verbraucher, Arbeitgeber und Arbeitnehmer. Das sage nicht ich, das sagt die EU. Wir müssen eigentlich gar nicht mehr groß darüber diskutieren, welche Kompetenzen unsere Arbeitnehmer haben müssen. Das wurde alles bereits entwickelt.

TORSTEN

Von der EU?

CAROLINE

Genau. Von ihr stammt ein Kompetenzkatalog für alle Bürgerinnen und Bürger, ein wichtiger Punkt ist die digitale Kompetenz, ein anderer die unternehmerische Kompetenz. Das müssen wir nur endlich wahrnehmen und umsetzen! Auch unsere Digital Natives können nicht wissen, wie wir in der vernetzten Welt gewinnbringend zurechtkommen. Unsere Technologien sind viel zu komplex, als dass wir sie vernünftig einordnen, nutzen und beurteilen könnten. Was haben datenintensive Technologien mit bestimmten Geschäftsmodellen gemacht? Nutzen statt Besitzen, Plattform- und Sharing-Ökonomie? All diese Dinge. Die Grundlagen, auf denen unsere IT-Systeme basieren, werden sich in Zukunft nicht grundlegend ändern. Sie haben für mich somit mindestens den gleichen Stellenwert wie ein Schulfach Chemie. Dass in diesen disruptiven Entwicklungen eine riesige Chance für die Gestaltungsmöglichkeiten der jungen Generation liegt – im Falle eines weiteren Verschlafens aber auch eine große Gefahr –, wird mir in der Schule zu wenig vermittelt. Werden wir hier weiter abgehängt, sinkt die internationale Wettbewerbsfähigkeit unserer Wirtschaft und damit letztlich auch der Spielraum, um in wirklich innovative Problemlösungskonzepte zu investieren.

TORSTEN

Haben wir in Deutschland nicht schon ein Bundesland, das Informatik verpflichtend eingeführt hat?

CAROLINE

Ja, Mecklenburg-Vorpommern. Seit 2019 findet dort für alle Schülerinnen und Schüler durchgängig in den Jahrgangsstufen 5 bis 10 ein verbindlicher Informatikunterricht statt.

Damit das auch in anderen Ländern gelingen kann, muss nicht nur ein echter Mentalitätswechsel stattfinden. Auch die Lehrkräfte müssen ausgebildet werden. Schulen werden nur digital können, wenn auch die Lehrer digital sind. Wie soll eine Lehrkraft diese Inhalte sonst ihren Schülerinnen und Schülern näherbringen?

AUSSEN

Terrasse einer Gaststätte in einem Sport-Leistungszentrum in Frankfurt. CAROLINE und TORSTEN sitzen auf der einen Tischseite, der PRÄSIDENT des Sportverbands und eine JUNGE FRAU, die sich in dem Verband um Marketing und Pressearbeit kümmert, auf der anderen Seite. Es gibt Apfelschorle, und auf dem Tisch stehen ein paar Trauben. Es ist ein warmer Frühsommertag. In der Nähe hört man die Kommandos von Trainern und das Klackern von Sportgeräten.

VERBANDSPRÄSIDENT (drahtiger, trainierter Mann von Ende 40, ergreift als Erster das Wort, er ist der Gastgeber und möchte schnell zum Punkt kommen)

Also, meine Kollegin hat mir gesagt, Sie wollen uns zeigen, dass Altes nicht immer gleich wegmuss. Ich bin da ja etwas skeptisch, altes Zeug immer wieder zu verwenden, aber Sie werden uns sicher erklären, warum es doch sinnvoll ist.

CAROLINE

Nun ja, vielen Dank, dass wir da sein dürfen und Sie sich heute die Zeit nehmen. Ja, es geht beispielsweise um die grundsätzliche Frage nach der Wiederverwertbarkeit, sprich: Was machen wir mit alten Bällen, alten Turngeräten? Ersetzen wir sie einfach durch neue Gerätschaften, oder besteht die Möglichkeit, sie wieder aufzubereiten, sie zu recyceln?

VERBANDSPRÄSIDENT

Bisher haben wir die alten Sachen meist weggegeben. Tatsächlich, die können Sie auch nicht mehr spenden. Oder das wäre zu aufwendig, eine Hochsprunganlage kann man nicht eben mal an einen Kindergarten geben. Grundsätzlich finde ich Ihren Ansatz nicht verkehrt. Ich schlage ja auch die Hände über dem Kopf zusammen, wenn ich sehe, wie oft die jungen Leute bei uns ihre Sportschuhe wechseln. Die halten oft keine zwei Monate mehr. Ich bin da bei Ihnen.

TORSTEN

Die Herausforderung, die übrigens nicht nur für den Sport gilt, ist es, Dinge aufzubereiten, verwendete Materialien wieder nutzbar zu machen, gerade im Hinblick auf Ressourcenschonung. Das Thema Refurbishment wird uns in den nächsten Jahren mehr und mehr begleiten.

PRÄSIDENT

Was kann ich mir denn darunter wieder vorstellen?

TORSTEN

Refurbishment, das kommt aus dem Englischen, bedeutet so viel wie aufbereiten, sanieren, reparieren.

CAROLINE

Fakt ist: Wir verbrauchen sehr viele Ressourcen, jeder Einzelne von uns, weil wir uns immer neue Dinge anschaffen. Elektrogeräte sind da nur ein Beispiel, nehmen Sie allein Fernseher, die werden auch dann entsorgt, wenn sie noch funktionieren. Über die Hälfte der Flachbildfernseher, die in den letzten Jahren in Privathaushalten ersetzt wurden, waren nicht kaputt. Jeder Deutsche verursacht im Schnitt 19,4 Kilogramm Elektroschrott pro Jahr. In den USA sind es sogar 21 Kilogramm. Und das ist nun mal nicht unproblematisch.

TORSTEN

Die Herstellung neuer Geräte verbraucht viele Ressourcen und verursacht meist mehr CO_2, als die neuen, vermeintlich energieeffizienteren Geräte einsparen. So verbrauchen neue Waschmaschinen zwar weniger Strom und Wasser als alte, es dauert aber Jahrzehnte, bis die höhere Effizienz die Belastung durch die Neuproduktion wieder aufwiegt. Deshalb sollten wir ruhig auch nach gebrauchten Dingen schauen. Oder eben das, was wir haben, reparieren, upcyceln oder, sehr konservativ ausgedrückt, einfach wertschätzen.

PRESSEFRAU

Und warum sollen wir uns das zu einem Thema machen?
Worin besteht da unsere Aufgabe?

TORSTEN

Wie gesagt, auch Sportgeräte lassen sich wiederaufbereiten. Hier geht es aber längst nicht nur um finanzielle Gründe. Sportvereine haben Zugang zu Millionen von Kindern und Jugendlichen und können ganz nebenbei Überzeugungsarbeit leisten, auf die Endlichkeit von Ressourcen aufmerksam machen. Ein Bewusstsein für Nachhaltigkeit entsteht nicht, wenn wir Altes einfach durch Neues ersetzen, sondern wenn wir alle gemeinsam den Wert dessen erkennen, was wir haben.

<u>INNEN</u>

Schulaula. Diesmal ist es eine Oberschule in Mainz in kirchlicher Trägerschaft. TORSTEN ist wieder eingeladen. Erneut ist Nachhaltigkeit das Thema. Er hat seinen Impulsvortrag gehalten und stellt sich nun der Diskussion. Allerdings beteiligen sich die Schüler kaum an der Diskussion, es ist vor allem ein LEHRER, der das Streitgespräch sucht.

TORSTEN (zieht ein Fazit seines Vortrags)

Selbstmanagement, im Grunde geht es um Selbstmanagement.

LEHRER (Fach Deutsch, schon lange dabei, stellvertretender Rektor und Oberstufenkoordinator, wird in der Schule gefürchtet, weil er sehr streng in der Bewertung ist, dafür wird in seinem Unterricht viel gelernt, von neuen Ideen lässt er sich allerdings nicht gerne überzeugen)

Selbstmanagement, mit solchen Begriffen habe ich immer so meine Probleme. Natürlich müssen wir die Voraussetzung für Berufswege schaffen, aber ich glaube nicht, dass wir Schüler und Schülerinnen in die Lebenspraxis einführen müssen. Klimawandel – ja, verstehe ich.

TORSTEN

Aber das geht darüber hinaus. Ich sage jetzt etwas, was vermutlich Ihren Unmut auslösen wird. Aber Larry Fink, Chef von Blackrock, also der größten Investmentfirma der Welt und überzeugter Kapitalist ...

LEHRER

Blackrock? Echt jetzt?

TORSTEN

Wenn ich das nur kurz ausführen darf. Also Larry Fink hat Anfang 2021 eine ganz klare grüne Devise für die nächsten Jahre ausgegeben. Er sagte wörtlich: »Wir rufen Unternehmen dazu auf, einen Plan vorzulegen, aus dem hervorgeht, wie sie ihr Geschäftsmodell an eine klimaneutrale Wirtschaft anpassen wollen.« Die weltweit größten Vermögensverwalter wollen, so Fink, ihren Beitrag dazu leisten, dass wir bis 2050 eine globale Klimaneutralität erreichen können. Es wird also keine Investments mehr in Öl und Kohle geben. Und Fink und Co. wollen nicht nur eine klimaneutrale Welt, sie setzen sich auch an die Spitze beim Thema Diversität und Frauenförderung. Unternehmen müssten das »gesamte Spektrum an Talenten« nutzen, sagt Fink, ansonsten schwächten sich Unternehmen selbst. Es brauche Vielfalt, nicht nur um Talente zu fördern, sondern auch um Bedürfnisse von Kunden besser abdecken zu können. Mit anderen Worten: Nachhaltigkeit ist bei weitem nicht auf Erderwärmung zu beschränken. Im Gegenteil. Nachhaltigkeit bedeutet zum Beispiel auch die Schaffung diverser Teams, ja schlichtweg vielleicht einer neuen Geschäfts- und Arbeitswelt. Und Aufgabe von Schule sollte es doch sein, auf diese neue Welt vorzubereiten.

LEHRER

Bloß weil ein paar Investmentbanker aus Imagegründen Greenwashing betreiben, müssen wir doch nicht unsere Lehrpläne ändern.

TORSTEN

Mir geht es darum, dass Nachhaltigkeit kein Nischenthema ist. Auch wenn dieser Begriff im täglichen Sprachgebrauch schon fast verbrannt, oder sagen wir: enorm strapaziert ist – die Inhalte, die dahinterstehen, sind es nicht! Ganz im Gegenteil. Bleiben wir bei dem Beispiel »Frauen in Verantwortung«. Es gibt zahlreiche Studien, wonach Frauen in Führungspositionen nicht nur für ein besseres Arbeitsklima, sondern auch für höhere Umsätze sorgen. Trotzdem ist man von ausgeglichenen Verhältnissen weit entfernt. Der Frauenanteil in den Aufsichtsräten der Dax-Unternehmen stieg nach den vorläufigen Zahlen zwar auf 36 Prozent, der Anteil in den Vorständen beträgt aber immer noch magere 17,8 Prozent. Manche Vorstandsetagen von Dax-Unternehmen haben noch gar keine Frauen. Und nach einer Studie der AllBright Stiftung sieht es bei den 100 größten deutschen Familienunternehmen auch kaum besser aus: Am 1. März 2020 waren weniger als sieben Prozent der Mitglieder in den Geschäftsführungen Frauen. Wenn wir es ernst meinen mit Nachhaltigkeit, die in diesem Fall auch Diversität bedeutet, müssen wir damit in der Schule beginnen. Wir handeln nur dann wirklich nachhaltig, wenn wir ganzheitlich denken und handeln.

RADIO FUTURE
SENDET AUS DEM JAHR 2030.

Die bayerische Ministerpräsidentin Dorothee Bär (CSU) hat am Freitag die Feier zum ersten Nachhaltigkeitsabitur in Erding besucht. Der Abi-Jahrgang 29/30 ist bundesweit der erste Jahrgang, der ein Abitur mit diesem ganzheitlichen Schwerpunkt abgelegt hat. Bayern hatte bereits 2024, als das Fach »Nachhaltigkeit« an seinen öffentlichen und privaten Schulen eingeführt wurde, früh darauf hingewirkt, auch auf einen Abschluss mit einem entsprechenden Schwerpunkt hinzuarbeiten. Insgesamt 68 Schülerinnen und Schüler haben nun im Anne-Frank-Gymnasium Erding ihren Abschluss gemacht, der Notenschnitt lag bei 2,4. Ministerpräsidentin Bär sagte bei der Feier, das sei »ein wichtiger Schritt in der Bildungsgeschichte Bayerns«. Und weiter: »Ich erhoffe mir von diesen engagierten jungen Menschen neue Impulse für die Unternehmen und Betriebe unseres Landes. Wie eh und je zählt beim bayerischen Abitur Leistung. Auch beim neuen Nachhaltigkeitsabitur haben wir keine Noten verschenkt, um das traditionell hohe Niveau des Abiturs im Freistaat zu wahren.«

FOLGE 4

AUSGERECHNET DU WILLST UNS JETZT DAS FLIEGEN VERBIETEN?

Auf dem Golfplatz auf Mallorca wird Caroline mit ihren eigenen Aussagen konfrontiert und muss den Streit zwischen einem Pauschal- und einem Individualtouristen moderieren. Torsten rechnet vor, wie viel Eis in der Arktis schmilzt, wenn er im Flugzeug nach Thailand sitzt – und warum Flugscham trotzdem nicht die Lösung sein kann.

Szene läuft →

AUSSEN

Es ist ein warmer Sommertag, 28 Grad im Schatten zeigt das Thermometer. Die Restaurants haben nach der langen Pandemiezeit wieder geöffnet. Optimismus liegt in der Luft. Und weil es so warm ist, sitzen die meisten Gäste draußen. Wir befinden uns in einem Biergarten am Rheinufer, mächtige Kastanien umsäumen den Platz. Die langen Biertische sind alle belegt. CAROLINE sitzt mit einigen Freunden zusammen. Natürlich wird über die Reisepläne der Freunde im Verlauf des Sommers gesprochen. Zufälligerweise kommt ein BEKANNTER von CAROLINE vorbei, der stehen bleibt und registriert, wie CAROLINE über ihren anstehenden Kurzurlaub spricht. Eine FREUNDIN wirft augenzwinkernd ein, dass CAROLINE sich besser beeilen möge, im Falle einer Regierungsübernahme durch die Grünen würde das mit den Kurzstreckenflügen bald schwierig werden. Der BEKANNTE ist etwa gleich alt wie CAROLINE, trägt eine helle Hose und ein dunkles Poloshirt, hört noch ein bisschen zu und sagt dann etwas laut: »Ausgerechnet du willst uns jetzt das Fliegen verbieten?«

CAROLINE

Was für eine nette Begrüßung! Und nein, ich bestimmt nicht. Wenn du schon zuhören musst, dann besser richtig.

BEKANNTER (fühlt sich aus unerfindlichen Gründen bestärkt, zum Monolog anzusetzen. Er hat schon zwei, drei Bier getrunken)

Wisst ihr, diese Fridays-for-Future-Leute, die Greta und all die anderen, die hatten wegen Corona Pause, aber ich glaube, die kommen wieder. Jetzt haben sie wieder Aufmerksamkeit, die wollen uns weismachen, dass es kein Menschenrecht ist, zweimal im Jahr nach Mallorca zu fliegen. Ich finde auch, man muss nicht immer nach Malle, aber das darf man den Menschen doch nicht verbieten, oder, Caro?

FREUNDIN (bringt sich ein, versucht, das Gespräch etwas ernsthafter zu führen)

Natürlich nicht. Und wir sollten nicht vergessen, dass viele Länder, gerade jetzt nach der Pandemie, auf Tourismus angewiesen sind, alle Debatten um Flugverbote halte ich allein aus diesem Grund schon für wenig angebracht. Du kannst den Menschen nicht sagen: Ihr geht jetzt alle in Brandenburg zum Kanufahren oder in die Eifel zum Wandern. Das ist mal ganz nett. Aber das möge bitte jeder selbst entscheiden.

BEKANNTER

Ja, aber dann könnt ihr doch nicht über Nachhaltigkeit sprechen *(er hält kurz inne, weil er sieht, dass ihm seine Freunde winken, er nickt ihnen zu und kommt zum Ende)* ... da seid ihr doch total angreifbar ... *(er hebt kurz die Hand zum Gruß, geht ab)*

INNEN

Wohnzimmer, CAROLINE sitzt auf einer Couch, neben ihr ein kleines Tischchen. Sie spricht in die Kamera.

CAROLINE

Vor zwei Jahren habe ich bei *7 Töchter* mitgemacht – eine Fernsehsendung, in der es um die Töchter von Prominenten ging. Laura Karasek war auch mit dabei, Lilith Becker, Cheyenne Ochsenknecht. Es ging darum, wie wir leben, was uns wichtig ist, wie wir damit umgehen, dass man unsere Eltern kennt, wie wir damit umgehen, wenn sie in den Medien angegriffen werden. Ein schönes Format, das es vorher so nicht gab. Weil es Einblicke in das Leben von jungen Frauen gewährt, die wegen ihrer Eltern unter besonderer Beobachtung stehen. Die wissen, dass für sie ein Weg in die Öffentlichkeit immer verbunden sein wird mit dem Zusatz: »Tochter von ...«

Ich habe in der Sendung gesagt, dass ich mir gut vorstellen kann, in die Politik zu gehen. Weil ich etwas bewegen will und mir auch als Konservative Nachhaltigkeitsthemen wichtig sind. Es sind im Grunde ja auch urkonservative Themen: die Bewahrung der Schöpfung, Rücksicht auf Ressourcen. Ich bin überzeugt, dass Konservative am besten geeignet sind, Ökologie und Ökonomie miteinander zu versöhnen, weil wir ideologiefreie

Lösungen anstreben, die sozialverträglich sind. Mir ist es wichtig, dass Menschen mitgenommen werden. Vor allem bei gesellschaftlichen und wirtschaftlichen Umbrüchen. Eine Volkspartei muss Fäden zusammenführen, vernünftig abwägen, nicht mit dem Kopf durch die Wand. Diese Radikalität, dieses Unnachgiebige, diese Hybris. Das stört mich am meisten bei unserer grünen Avantgarde: »Um die Welt zu retten, müssen wir euch Dinge verbieten. Und wir wissen auch genau, was, weil wir zum Wohl aller eine endgültige Wahrheit gefunden haben.« Sicher, wir müssen mit dem Planeten verantwortungsvoller umgehen, ressourcenschonender leben, nach Alternativen suchen. Auch in der Fernsehsendung habe ich solche Dinge gesagt – und direkt im Anschluss war dann ein Einspieler zu sehen mit meinem Vater und mir beim Golfspielen in Palma. Die Nachrichten, die mich im Nachhinein auf verschiedenen sozialen Netzwerken erreichten, haben mich nicht überrascht. Was macht die da? Zum Golfspielen nach Mallorca! Und dann über Nachhaltigkeit sprechen! In den Augen vieler Menschen muss man sich wohl im absoluten Verzicht üben, um über solche Themen überhaupt sprechen zu dürfen. In den Köpfen vieler Menschen lässt sich das Klimaproblem wohl nur durch den privaten Endverbraucher lösen: Er ist in der Pflicht. Wer nicht schuldig werden möchte, fliegt nicht – so einfach ist die Welt.

Viel sinnvollere Lösungsansätze wie die Förderung großflächiger Kompensationen, das systematische Umbauen von Industrie und Wirtschaft, Diskussionen über die Stärkung der Eigenverantwortung und die Sensibilisierung des Einzelnen, eine ernsthafte Debatte über die Entwicklungen alternativer Antriebe oder gar Möglichkeiten, CO_2 aus der Luft zu entfernen und zu speichern – Fehlanzeige. Auch über die Zahlen, Daten und Fakten, die belegen, dass Fliegen verglichen mit dem Bausektor beispielsweise nur einen sehr geringen Einfluss auf das Klima hat, möchte man nicht diskutieren. »Übe dich schlicht und einfach im Verzicht, und nichts wird passieren« – dieses Mantra, diese gestellte Bescheidenheit macht unsere Welt nicht heller und verliert zudem völlig aus dem Blick, wovon künftige Generationen leben sollen. Blanker Verzicht schafft nicht nur keine neuen Arbeitsplätze, sondern gefährdet auch die bestehenden Jobs. Mir ist dieser Verzichtsduktus zur Genüge bekannt, zu oft habe ich diese Diskussionen schon geführt. Daher habe ich auf die meisten Kommentare nicht reagiert.

INNEN

Zoom-Call zwischen CAROLINE und TORSTEN. Im Großbild ist jeweils derjenige zu sehen, der gerade spricht. Offenbar hat es einen kleinen inhaltlichen Disput gegeben.

TORSTEN (etwas energischer)

Ich halte Kompensation für ein geeignetes Mittel, und eine CO_2-Bepreisung ist ein Instrument für einen individuellen Beitrag zum Klimaschutz. Es wird zwar kein Eisbär gerettet, wenn ich für ein Flugticket 10 Euro mehr bezahle, aber wenn wir bei 50 ...

CAROLINE

10, 50 oder 100 Euro, wo fängt es an, wo hört es auf? Das ist schwer vermittelbar: Ja, ihr dürft fliegen, kostet aber jetzt ein paar Hundert Euro mehr? Wir versteuern und verteuern nicht nur die Tickets, sondern schlagen noch ein paar Hundert Euro für die Kompensation obendrauf, wenn die ganze Familie unterwegs ist.

TORSTEN

Wenn man gut erklärt, was mit dem Geld passiert – wo ist das Problem? Geh mal auf die Seite von Atmosfair, die unterstützen Klimaschutzprojekte auf der ganzen Welt. Das kann ein Wasserkraftwerk in Honduras sein oder Bäume pflanzen in Sambia. 2019 hat Atmosfair Projekte mit 19 Millionen Euro unterstützt, im besten Fall kann langfristig durch Aufforstung das Klima ausbalanciert werden, und das hilft dann tatsächlich auch dem Eisbären. Es ist eine Möglichkeit, als Bürger einen sinnvollen Beitrag gegen den Klimawandel zu leisten – und auch nachzuvollziehen, wen oder was man genau mit seinem Geld unterstützt.

CAROLINE

Viele Menschen arbeiten darauf hin, ein-, zweimal im Jahr eine Reise zu machen. Ans Meer, an den Strand. Es geht um Freiheit – gerade nach der Pandemie ist das Bedürfnis zu verreisen größer als je zuvor. Wie kann man sich jetzt hinstellen und sagen: Fliegen soll so teuer werden, dass ihr es euch kaum noch leisten könnt? Ich denke, wir müssen das Ganze einordnen. Fliegen steht irgendwie symbolisch für einen verschwenderischen, hedonistischen Zeitgeist, als Hauptverursacher für Luftverschmutzung, Erderwärmung und Klimawandel. Tatsächlich ist es aber nicht so einfach. Der gesamte Luftverkehr hat an den weltweiten CO_2-Emissionen einen Anteil von 2,8 Prozent, der innerdeutsche Luftverkehr einen Anteil von 0,3 Prozent an den gesamten deutschen CO_2-Emissionen. Der ganz große Klimakiller ist das Fliegen also nicht. Viel höher ist der Wert im Bau- und Gebäudesektor. Da liegt der Anteil an den weltweiten CO_2-Emissionen inzwischen bei 38 Prozent. Also mehr als der Mallorca-Flug ist unsere Heizung das Problem.

TORSTEN

Trotzdem: Nach Angaben des Statistischen Amts der EU verursacht jeder Deutsche im Schnitt 11,3 Tonnen CO_2-Äquivalente. Die Zahlen sind nicht ganz neu, sie beziehen sich auf das Jahr 2017. Aber was bedeutet das konkret? Ein Beispiel: Auf einem Flug in einer vollbesetzten Maschine nach Bangkok und wieder zurück schmelzen wegen jedes einzelnen Passagiers umgerechnet fünf Quadratmeter Eis in der Arktis. Wenn ich ein freiwilliges CO_2-Zertifikat erwerbe, damit Atmosfair oder Primaklima Klimaprojekte unterstützen, muss ich nicht mehr sagen: Ich, als einfacher Bürger, kann nichts machen! Doch, ich kann eben sehr wohl etwas machen. Und zwar relativ bequem. Bei einer Umfrage zur Bereitschaft von Reisenden, einen Aufpreis zur CO_2-Kompensation bei Flügen zu zahlen, gaben im Jahr 2019 rund 70 Prozent der Befragten aus Deutschland an, dass sie dazu durchaus bereit wären.

CAROLINE

Ohne es empirisch untersucht zu haben – ich glaube, dass die Realität am Ende anders aussieht.

INNEN

Einspielfilm: Wir sehen ein startendes Flugzeug, das in einen strahlend blauen Himmel abhebt. Danach werden noch Bilder eines Strands gezeigt, ein Strandkorb, Berge, eine Berghütte und ein Marktplatz mit Fachwerkhäusern, dazu spricht eine STIMME aus dem Off:

STIMME

Die Deutschen reisen gerne und viel. Mit circa 55 Millionen Personen, die eine Reise von mindestens fünf Tagen unternommen haben, lag die Zahl der deutschen Urlausbreisenden 2019 so hoch wie nie zuvor. Damals gaben die Deutschen insgesamt rund 73 Milliarden Euro für Urlaubsreisen aus, pro Person und Reise lagen die Kosten bei durchschnittlich 1030 Euro. Laut der Reiseanalyse der Forschungsgemeinschaft Urlaub und Reisen e.V., FUR, galt bereits 2019 Deutschland als das wichtigste Reiseland der Deutschen, rund 34 Prozent verbrachten ihren Haupturlaub im eigenen Land. Über 17 Prozent wählten aber auch ein Fernreiseziel, meist in Asien oder Nordamerika. Es gab also bereits vor Corona einen eindeutigen Trend hin zu Ostsee, Nordsee und die bayerischen Alpen, aber auch einen Trend hin zu Reisen nach Thailand, Mexiko, Kuba, in die Karibik und Dubai. Intereuropäische Reisen verzeichneten hingegen einen Rückgang. Experten gehen davon aus, dass das Reiseverhalten in den kommenden Jahren wieder ähnlich aussehen wird.

AUSSEN

Wahlkampfstand auf einem Marktplatz in einer deutschen Kleinstadt. Am Stehtisch stehen zwei Parteimitglieder mit Maske, sie unterhalten sich leise. CAROLINE steht zwischen zwei Männern, die sich gerade etwas beharken. Der eine ist etwa Mitte 40, trägt eine Lederjacke, hat eine Sonnenbrille hoch auf die Stirn geschoben. Im Verlauf des Gesprächs wird klar, er ist PAUSCHALTOURIST. Der andere ist etwas jünger, Ende 30, trägt Seitenscheitel, ein Shirt mit blau-weißen Querstreifen und auf dem Rücken einen Retrorucksack, ein INDIVIDUALREISENDER. CAROLINE verfolgt das Streitgespräch zwischen den beiden.

PAUSCHALTOURIST

Darauf arbeiten wir hin: einmal im Jahr ein großer Urlaub mit der ganzen Familie auf Mallorca. Das war vor Corona so, und das wird auch nach Corona so sein.

INDIVIDUALREISENDER

Haben Sie schon mal über eine Alternative nachgedacht, also anders Urlaub zu machen?

PAUSCHALTOURIST

In einer Blockhütte irgendwo auf einem Berg? Hm, schon. Ist nur leider sehr teuer und macht den Kindern keine Freude.

INDIVIDUALREISENDER

Es gibt genug Reiseziele in Deutschland. Waren Sie mal in Mecklenburg, kennen Sie die Seenplatte?

PAUSCHALTOURIST

Ich möchte einfach mal rauskommen, mal nicht Deutschland, mal nicht immer diesen Missmut. Nicht falsch verstehen, ich lebe gerne hier. Aber ich brauche auch mal was anderes, eine andere Sprache, eine andere Kultur.

INDIVIDUALREISENDER

Eine andere Sprache? Auf Mallorca?

PAUSCHALTOURIST

Ach, was wissen Sie denn!?

INDIVIDUALREISENDER

Es wäre sicher nicht verkehrt fürs Klima.

CAROLINE (sieht nun den Moment gekommen, um einzuhaken)

Also, der Effekt der Fliegerei auf den Klimawandel ist nicht so dramatisch im Vergleich zu anderen Branchen. Dennoch wäre es sinnvoll, sich darüber Gedanken zu machen, für einen Flug mehr zu bezahlen, beispielsweise mit einem freiwilligen Klimabeitrag.

PAUSCHALTOURIST

Noch mehr zahlen, freiwillig? Was soll das bringen? Wird das Klima besser, wenn ich 200 Euro pro Flug mehr bezahle? Warum verbieten Sie mir dann nicht gleich das Fliegen?

CAROLINE

Ich möchte Ihnen nichts verbieten, wir sind hier nicht bei den Grünen!

PAUSCHALTOURIST

Noch nicht. Aber wenn die Grünen drankommen, seh ich schwarz. Die haben ja große Pläne! Den Liter Sprit um weitere 16 Cent verteuern. Damit Autofahren nur den Gutverdienern möglich bleibt. Verbot von Einfamilienhäusern, Verbot von Feuerwerk, Verbot von Erdgas, Verbot für Benziner und Diesel, Verbot von neuen Autobahnen, Verbot von Osterfeuer, Luftballons und Fast-Food-Werbung. Jetzt wollen die auch noch Kurzstreckenflüge verbieten. Kurzstrecken sind bis zu 1500 Kilometer! Wie soll das aussehen? Soll ich nach Mallorca schwimmen? Wie ist das eigentlich mit Ihnen, Frau Bosbach, Sie fliegen doch sicher auch?

CAROLINE

Das tue ich. Und ich bin dankbar dafür, dass ich schon so viel sehen durfte von der Welt. Wichtig ist nur, dass wir Lösungen finden, wie wir den Verkehr und eben auch das Fliegen klimaverträglicher gestalten können. Wir sind immer noch ein sehr innovatives Land. Wir haben die mitunter besten Ingenieure der Welt, wir pflegen ein sehr lebendiges Ökosystem aus Industrie und Forschung. Ich bin mir sicher, dass wir Lösungen finden, die uns einen Weg aufzeigen weg vom kerosinbetriebenen Flugzeug. Darin sehe ich die Chance!

INDIVIDUALREISENDER

Ich sehe es so, dass sich nur etwas tut, wenn Druck aufgebaut wird. Sehen Sie, allein wie sich die Natur, wie sich Strände, wie sich ganze Landstriche erholt haben, weil sie während der Corona-Zeit nicht von Touristen überrannt wurden. Manchmal ist ein Verbot der einzige Weg. Es wird immer erzählt, man würde an Lösungen forschen. Tatsächlich ist es doch so, dass unsere überbordende Bürokratie die Umsetzung verhindert, oder man bekommt eine Zulassung nicht, oder irgendeine Lobby stellt sich quer, weil ein klimaneutrales Verkehrsmittel Marktanteile kosten könnte. Nein, nein, ich glaube, jeder Einzelne von uns muss beginnen. Wir müssen jetzt unser Verhalten ändern, und von der Politik sollte es da klare Vorgaben geben, wenn es sein muss, eben auch Verbote. Jedes Gesetz ist doch im Grunde ein Verbot. Ich verstehe nicht, warum man glaubt, die Menschen könnten bei einer globalen Herausforderung wie dem Klimawandel einfach selbst entscheiden, was zu tun ist. Da muss der Staat eingreifen! Außerdem: Wer muss schon nach Mallorca?

CAROLINE

Was ist das für eine Frage? Gehören Sie auch zu denjenigen, von denen man hört: »Wer muss denn schon auf der Autobahn 160 fahren?« Wo kommen wir hin, wenn wir für andere Menschen festlegen, was sie brauchen? Ist das eine stabile Rechtfertigungsbasis, wenn der Staat oder wenn ich für Sie entscheide, was Sie zu brauchen haben und was nicht? Wir Menschen sind verschieden. Und dass jeder eine andere Vorstellung davon hat, was er braucht, um glücklich zu sein, muss ich Ihnen doch nicht erklären.

INDIVIDUALREISENDER

Sind Sie von der FDP?

CAROLINE (langsam genervt)

Nein. Bin ich nicht. Aber ich bin der Meinung, dass die Aufgabe des Staates lediglich darin besteht, uns zu ermöglichen, in Frieden und Freiheit zu leben. In einer freien Gesellschaft möchte ich Menschen nur ungern dazu ermutigen, sich zu reduzieren, kleinzuhalten, Verzicht zu leben. Sie sollen ermutigt und befähigt werden, groß, vernünftig und lösungsorientiert zu denken. Verbote sind nur das allerletzte Mittel. Die Ultima Ratio.

INDIVIDUALREISENDER

Ultima Ratio ist längst fällig.

CAROLINE (atmet kurz durch, stimmt einen versöhnlichen Ton an)

Ich kenne die Argumente, warum Menschen dafür plädieren, beispielsweise für einen effektiven Klimaschutz mehr Verbote zu erlassen. Diese sollen unsere Freiheit, von der ich eben sprach, auf lange Sicht bewahren. Diese Verbote, so die Befürworter, sind vonnöten, weil es der Einzelne nicht schaffe, klimabewusst genug zu leben. Mich stört das Menschenbild, dem diese Haltung zugrunde liegt. Und die mangelnde Betonung darauf, dass wir – wenn überhaupt – eine gesunde Mischung brauchen aus Gesetz, Innovation und eigener Mühe. Es spricht überhaupt nichts dagegen, Menschen zu ermutigen, Gewohnheiten und Alltag zu überdenken. Es ist nicht verkehrt, andere zu animieren, ab und zu tief in sich reinzuhören. Mit dem Ziel, zu verstehen, was man wirklich braucht und was einem wirklich wichtig ist. Richtig ist auch, dass es darum gehen wird, Dinge nicht nur anders zu machen, sondern auch von etwas weniger zu tun – zumindest am Anfang, weil auch die größten Innovationen erst mal jede Menge Ressourcen benötigen. Aber wir sollten alles dafür tun, Menschen mit einem positiven Narrativ zu überzeugen. Dann fühlt sich Reduktion auch nicht wie Verzicht an, und Alternativen werden ernst zu nehmende Optionen.

INDIVIDUALREISENDER

Und das soll funktionieren?

CAROLINE

Ich denke, dass Sie den Menschen zu wenig zutrauen. Ich bin davon überzeugt: Menschen können auch von selbst gute Entscheidungen treffen. Schauen Sie doch nur, wie sich das Reiseverhalten ändert, wie viele Menschen zum Beispiel begonnen haben, mit dem Wohnmobil zu verreisen. Der Trend zum eigenen Camper hat ja schon vor Corona eingesetzt. Die deutsche Caravaning-Branche hat mit dem Verkauf neuer Reisemobile im vergangenen Jahr insgesamt 5,6 Milliarden Euro umgesetzt, im Corona-Jahr, und das war etwa genauso viel wie 2019. Nur als kleines Beispiel.

INDIVIDUALREISENDER

Das ist zu wenig. Wir brauchen klare Vorschriften. Alles andere hat bis jetzt nicht funktioniert.

PAUSCHALTOURIST

Und warum nicht? Weil mich eure grünen Argumente nicht überzeugen! Von diesem winzigen Anteil CO_2, den der Mensch im Gegensatz zur Natur verursacht, davon geht wiederum nur ein winziger Teil auf das Konto Deutschlands. Und hiervon wieder nur ein Bruchteil auf unsere Flüge. Wissen Sie, was das in Summe bedeutet? Da folgen der Null vor dem Komma noch so einige Nullen dahinter.

INNEN

Seminarraum der CBS-Hochschule. 20 Studierende sitzen an den Tischen, die u-förmig angeordnet sind. Die meisten haben einen Laptop aufgeklappt. Vorne steht Professor TORSTEN WEBER, er spricht die Studierenden direkt an.

TORSTEN

Warum ist das Reisen für uns Menschen so wichtig?

STUDENT 1

Man erlebt etwas Schönes, man kann die Welt entdecken, auch weit entfernte Orte.

STUDENTIN 1

Man belohnt sich für die Arbeit, die man geleistet hat.

STUDENTIN 2

Man lernt andere Kulturen kennen und verstehen, das ist das Wichtigste, das wir tun können, um andere Menschen zu verstehen. Selbst wenn man auf Mallorca nur eine Paella isst, ist das ein kleiner Einblick in eine andere Kultur. Und wenn ich mit dem Rucksack durch Vietnam reise, lerne ich eine Kultur noch viel tiefer kennen, Land und Leute, wie sie leben, was sie denken, was ihnen wichtig ist. Reisen sind Erfahrungen, die unter die Haut gehen, die einen angstfreier und offener machen. Jede Reise verstärkt das Verständnis für Menschen aus anderen Ländern, Reisen ist mit das beste Mittel gegen Fremdenhass und Xenophobie.

STUDENT 2

Der Tourismus ist ein immens wichtiger ökonomischer Faktor, Länder wie Thailand oder Costa Rica sind auf Reisende angewiesen, Millionen von Menschen auf der ganzen Welt leben vom Tourismus. Wir haben in der Corona-Zeit gesehen, wie heftig es Länder trifft, wenn Touristen wegbleiben.

STUDENT 3

Kann ich mich nur anschließen. Neben der Ökonomie halte ich aber den interkulturellen Austausch für das Wichtigste bei Reisen. Das habe ich bei einer Pauschalreise natürlich nicht in dem Maße.

STUDENTIN 3

Jede Reise ist eine Luftveränderung, die meist auch der Gesundheit gut bekommt. Erholung, Ruhe, Pause. Mal im Meer baden, mal Bergluft atmen oder es sich an einem fernen Ort einfach mal gut gehen lassen – all das vermeidet Zivilisationskrankheiten, die eine Gesellschaft und ihr Gesundheitssystem ganz schön viel Geld kosten.

TORSTEN

Gut, jetzt haben wir vieles, was dafür spricht. Was spricht im Klimakontext gegen das Reisen, vor allem in die Ferne?

STUDENTIN 4

Mit rund 1,5 Milliarden internationalen Reisen war das weltweite Tourismusaufkommen im Jahr 2019 so hoch wie nie zuvor. Aber nicht nur Fliegen ist ein Problem. Der NABU hat ausgerechnet, dass ein Kreuzfahrtschiff pro Tag so viel CO_2 ausstößt wie fast 84 000 Autos, so viel Stickoxid wie etwa 421 000 Autos, so viel Feinstaub wie gut eine Million Autos und so viel Schwefeldioxid wie gut 376 Millionen Autos. Und das vor allem, weil diese gigantischen Kreuzfahrtschiffe mehrheitlich mit Schweröl fahren und täglich im Schnitt 150 Tonnen dieses Antriebsstoffs verbrauchen. Schweröl ist stark umwelt- und gesundheitsschädlich und deswegen an Land verboten, denn das giftige Abfallprodukt der Petrochemie enthält 3500-mal mehr Schwefel, als auf Europas Straßen für Pkw erlaubt wären.

TORSTEN

Sie malen ein sehr düsteres Bild. Sie haben bestimmt in einigen Punkten recht. Aber ich glaube, wir werden bald schon Kreuzfahrtschiffe mit neuen Treibstoffen erleben. Längst sind die Reedereien auf der Suche nach Ersatz, Flüssiggas (LNG) ist eine Alternative, die bereits eingesetzt wird. In Zukunft sind auch Brennstoffzellen für den Antrieb mit Wasserstoff denkbar. Das kann aber noch zehn Jahre dauern. Aber sicher ist, wenn es gelingt, Brennstoffzellen so weit zu entwickeln, dass ein Schiff ausschließlich damit betrieben werden kann, würde der CO_2-Ausstoß komplett wegfallen. Auch bei der Luftfahrt wird große Hoffnung auf Wasserstoff gesetzt. Auch da gibt es bereits erste Versuche von Airbus. Der Flugzeugbauer geht davon aus, bis 2035 ein wasserstoffbetriebenes Modell zu entwickeln.

INNEN

Büro Caroline Bosbach. CAROLINE in die Kamera. Sie dreht ein kurzes Video für ein soziales Netzwerk.

CAROLINE

Die Politik muss viele Dinge angehen:
Rahmenbedingungen für die Wirtschaft schaffen,
die Chancengerechtigkeit organisieren,
sich den drängenden Herausforderungen unserer Welt widmen.

Was sie nicht sollte,
was mir absolut widerstrebt:
Bürgerinnen und Bürger ständig zu belehren.

Politiker sind keine Erzieher.
Deshalb kann ich die Verbotsreflexe der Grünen nicht nachvollziehen.

Böllern an Silvester?
Ist schädlich, also – verbieten!
SUV fahren in der Innenstadt?
Vermeintlich schädlich, also – verbieten!

Die Flugreisen in den Urlaub?
Ganz, ganz schädlich, also – verbieten!

Tatsächlich halte ich das für einen falschen,
ja gefährlichen Ansatz.

Jeder zehnte Arbeitsplatz weltweit
hängt von Reisen und Tourismus ab.
Zudem sind wir eine Exportnation!
Für uns sind Verbindungen in die Welt keine Kür,
sondern Pflicht.

Wenn die Politik davon überzeugt ist,
dass ein Kreuzfahrtschiff mit vielen Tonnen Schweröl an Bord
dem Klima schadet,
dann,
jetzt kommt's:
soll sie sich für die Entwicklung und den Einsatz
neuer Antriebsstoffe einsetzen!
Sie soll nicht dafür sorgen,
dass Reisen unbezahlbar werden
oder gar verboten.
Sondern: sauberer.
Aber »Flugscham«
– das ist schon schräg.

Beschämen wir nicht andere!
Organisieren wir einen Flugverkehr,
der uns reinen Gewissens die Welt kennenlernen lässt.
Dahin sollte unsere Energie fließen.
Wie geht es besser?

Verbote stehen nicht für Fortschritt.
Verbote stehen für Rückschritt.
Bestenfalls für Stillstand.

RAD IO FUTURE
SENDET AUS DEM JAHR 2030

Für Berlins Regierenden Bürgermeister Kevin Kühnert (SPD) ist es ein besonderer Tag. Am 2. August 2030 soll vom Flughafen Berlin-Brandenburg das erste wasserstoffbetriebene Flugzeug der Welt starten. Der Flugzeugbauer Airbus präsentiert mit dem *Zero-E-Plus* erstmals ein Modell, das als Passagierflugzeug genutzt werden kann. Zur Weltpremiere haben sich Spitzenpolitiker und Wirtschaftsvertreter aus der ganzen Welt angekündigt. Ursprünglich ging man beim europäischen Flugzeugbauer Airbus davon aus, dass es weitere fünf Jahre dauern würde, bis ein Modell mit einem komplett CO_2-neutralen Antrieb entwickelt sein wird. Bis weit ins vergangene Jahrzehnt hinein glaubte man nicht mehr daran, dass Wasserstoff Kerosin als Energiequelle für Flugzeugtriebwerke ablösen könnte, denn Wasserstoff galt lange Zeit als nicht pflegeleicht. Zwar verfügt Wasserstoff über eine dreifach höhere Energiedichte als Kerosin, benötigt aber bis zu viermal mehr Volumen als ein gängiger Treibstoff. Und Platz ist im Flugzeug Mangelware. Das galt über Jahre hinweg als das entscheidende Problem. Doch einer in Berlin ansässigen Wasserstoff-Fabrik namens *H-project* war es gelungen, die Volumenzahl von Wasserstoff deutlich zu reduzieren. Bereits in einer vorab verbreiteten Meldung lobte Kühnert das Unternehmen *H-project* für »seine Innovationskraft« und betonte: »Das ist ein besonderer Tag für Berlin. Mit einer klugen Innovationsstrategie ist es Berlin wieder einmal gelungen, dass sich Unternehmen mit zukunftsfähigen Projekten in der Stadt ansiedeln.« Man werde darüber hinaus weitere Unternehmen unterstützen, die Beiträge zur Dekarbonisierung in Industrie und Verkehr leisten.

Der *Zero-E-Plus* sieht aus wie ein herkömmlicher Jet, nur dass der hintere Teil komplett fensterlos ist. Dort befindet sich der Wasserstofftank des neuen Fliegers. Nahm er in Pilotmodellen in den frühen 2020er-Jahren noch nahezu ein Drittel des Rumpfes ein, so ist der komplette Tank nun auf acht Prozent zusammengeschrumpft. Damit ist genug Platz an Bord und vor allem auch die Sicherheit der Passagiere gewährleistet. Der erste Flug des neuen *Zero-E-Plus* wird nach Peking gehen, die dort ansässige staatliche Fluggesellschaft Air China hat bereits 15 der neuen Maschinen geordert. Dem feierlichen Akt am BER schließt sich am späten Nachmittag ein Bürgerfest im »Berlin Space-Center« an.

FOLGE 5

WIE ICH EUCH KENNE, STELLT IHR MIR MORGEN NOCH EIN WINDRAD VOR’S HAUS!

Auf einem Energiekongress werden Caroline und Torsten mit alten Argumenten konfrontiert und müssen sich gegen Windradgegner, Energietheoretiker und Atomkraftgegner behaupten. Neben den fatalen Folgen der deutschen Energiewende steht vor allem auch das Schicksal des Rotmilans im Mittelpunkt der Debatten, ein großer rostroter Greifvogel mit gegabeltem Schwanz.

Szene läuft →

INNEN

Veranstaltungshalle am Stadtrand einer deutschen Großstadt. Es läuft eine Konferenz zum Thema Energie. Ein bundesweiter Energieverband hatte unter dem Titel »Quo vadis, Energiewende?« mehrere Experten sowie Forscherinnen und Forscher geladen. Wir befinden uns in pandemiefreien Zeiten. Die Stuhlreihen sind gut besetzt. Im Foyer haben Verbände, Forschungsinstitute und Umweltschützer Stände aufgebaut. Es ist elf Uhr morgens. Gerade spricht ein etwas älterer PROFESSOR, hinter ihm ist ein Chart zu sehen, auf diesem ein Tortendiagramm zum Thema Strommix. Gerade scheint er sich in Details zu verlieren. Die ersten Zuhörer blicken auf ihre Smartphones, CAROLINE und TORSTEN stehen hinter der letzten Stuhlreihe und hören mit halbem Ohr zu.

PROFESSOR

... aktuell vorliegende Studien zeigen, dass die Energiewende und eine ambitionierte Klimapolitik im Wesentlichen mithilfe bereits verfügbarer Technologien in Deutschland und Europa machbar wären. Im Rahmen des internationalen Deep Decarbonization Pathways Project wurden detaillierte Szenarien für eine Umgestaltung der Energiesysteme in denjenigen Ländern erstellt, die in Summe für rund drei Viertel der gegenwärtigen energiebedingten CO_2-Emissionen verantwortlich sind. Dabei können drei zentrale Elemente identifiziert werden, die für weitgehenden Klimaschutz bis zum Jahr 2050 offenbar unerlässlich sind: eine signifikante Erhöhung der Energieeffizienz, ein sukzessiver Wechsel hin zu CO_2-freien beziehungsweise CO_2-armen Primärenergieträgern sowie eine deutlich verstärkte Nutzung von Strom als Endenergieträger bei der Gesamtnutzung ...

CAROLINE

Ich kann nicht mehr.

TORSTEN

Er scheint nicht wirklich auf den Punkt zu kommen.

CAROLINE

Du wolltest auf diese Konferenz!

TORSTEN (etwas zu laut)

Ich habe das Gefühl, ich bin auf dieser Konferenz schon gewesen. Alle irgendwie vergleichbar.

ZUHÖRERIN (dreht sich um)

Pssst!

CAROLINE und TORSTEN nicken sich zu. Sie setzen sich in Bewegung, Richtung hinterer Ausgang. Im Foyer gehen sie vorbei an den Ständen, hin zu einem kleinen schwarzbraunen Wagen, an dem Kaffee angeboten wird. TORSTEN nimmt sich einen Kaffee, sie verlassen die Halle durch eine breite Glastür. Vor dem Eingang stehen drei Konferenzteilnehmer und rauchen. Weiter vorne, Richtung Straße, haben sich mehrere Demonstranten eingefunden. Links steht eine Gruppe, die gegen eine geplante Windkraftanlage kämpft. »Schützt unsere Auen!«, steht auf einem großen Banner, daneben das Bild eines rot durchgestrichenen Windrads. Es sind zehn, zwölf Teilnehmer, vorwiegend ältere Menschen, die an diesem Vormittag demonstrieren. Ein paar Meter weiter, etwas rechts, steht eine Gegendemo. Es haben sich drei Leute zusammengetan, offenbar von einem Umweltverband, sie haben ein grünes Banner aufgestellt: »Energiewende jetzt«. Im Laufe der vergangenen zwei Stunden hat es wortreiche Auseinandersetzungen zwischen den beiden Gruppen gegeben. Gerade ist Ruhe, bis einer aus der Gruppe der WINDKRAFTANLAGENGEGNER CAROLINE erkennt:

WINDKRAFTGEGNER 1 (hält ein kleines Holzschild, ruft recht laut)

Ach, und Sie, Frau Bosbach, gehören Sie jetzt auch zu denen, die uns irgendwann ein Windrad in den Garten stellen?

WINDKRAFTGEGNERIN 2 (steigt sofort ein, alle scheinen etwas im Angriffsmodus zu sein)

Ja, und dabei wird die ganze Landschaft verschandelt.

CAROLINE (geht einen Schritt auf die Gruppe zu und sagt bemüht in sachlichem Ton)

Ich grüße Sie auch. So, bevor wir erstens persönlich werden und zweitens direkt in die Gärten gehen, hier erst mal die Fakten: Der Bundestag hat im vergangenen Jahr beschlossen, dass ein Mindestabstand von bis zu 1000 Metern zwischen Windrädern und Wohngebäuden eingehalten werden muss. Das wäre also mindestens einen Kilometer von ...

WINDKRAFTGEGNER 2 (jetzt sind alle hellwach, alle etwas zu laut)

Ja, ja, der Bundestag hat das beschlossen, aber die Länder dürfen das selbst regeln, so sieht das aus. Das ist hemmender Föderalismus, wie schon bei Corona. Da macht jeder seins, und am Ende leidet der Bürger.

WINDKRAFTGEGNER 1

Und das Beste ist doch, unser Bundeswirtschaftsminister hat uns allen billigen Strom versprochen, wenn wir in der Nähe von Windrädern wohnen. Aber davon ist auch nichts mehr zu hören, das haben die wieder schön vergessen.

WINDKRAFTGEGNERIN 2

Und haben Sie auch an die Vögel gedacht! Nicht nur, dass Sie hier die ganze Landschaft verspargeln wollen, es werden auch noch Millionen von Vögeln getötet. Aber immer schön auf Naturschutz machen.

CAROLINE

Okay, darf ich jetzt auch mal ...

WINDKRAFTGEGNERIN 3

Haben Sie schon mal vom Rotmilan gehört?!

CAROLINE (etwas genervt, TORSTEN steht immer noch daneben und hört zu)

Ja, ich habe vom Rotmilan gehört.

WINDKRAFTGEGNERIN 3 (unbeirrt weiter)

Die Bestände des Rotmilans gehen deutlich zurück in Landkreisen mit einer hohen Dichte an Windrädern, das ist Fakt! Und in Landkreisen mit wenig Windrädern nehmen die Bestände zu. Das haben Studien von Vogelexperten ergeben. Das müssen Sie doch wissen! Der Rotmilan ist eine gefährdete Art. Und es ist eben auch erwiesen, dass der Rotmilan vor allem einen Gegner hat, und das sind Ihre Windräder!

CAROLINE

Meine Windräder?

WINDKRAFTGEGNER 3

Der Rotmilan, wissen Sie, ist eine von der Windkraft besonders stark betroffene Vogelart. Er kann einfach nicht so gut ausweichen. Hier werden sehenden Auges gefährdete Tierarten getötet, und das soll ein Fortschritt sein und gut für die Natur?

CAROLINE

Ich weiß, der Rotmilan ...

WINDKRAFTGEGNER 1

Und die Politik will sich für Biodiversität starkmachen? Vornerum saubere Energie, Greta, Klimawandel, hintenrum werden ganze Tierarten ausgerottet.

TORSTEN steht immer noch schweigend daneben, hört aber aufmerksam zu.

CAROLINE

Dazu kommen wir gleich. Erst mal zum Rotmilan. Also, tatsächlich liegt das Risiko für diesen Vogel, mit einer Windkraftanlage zu kollidieren und dabei zu sterben, bei lediglich 0,18 Prozent. Das hat der Landesverband Berlin-Brandenburg des Windenergieverbandes BWE bei einer Untersuchung ...

WINDKRAFTGEGNER 2

Der Windenergieverband, das ist ja der Witz des Jahrhunderts, das ist doch ein Lobbyverein, klar sagen die das.

CAROLINE (nun auch unbeirrt weiter)

Die Rechnung des Verbands geht so: In Brandenburg leben circa 1800 Rotmilan-Brutpaare. Im Zeitraum von 2010 bis 2020 wurden genau 128 tot aufgefundene Vögel dem Landesamt für Umwelt bekannt. Bei 62 toten Rotmilanen geht man davon aus, dass sie mit einer Windkraftanlage kollidierten. Das wären also sechs im Jahr, gemessen an den Brutpaaren kommt man dann auf 0,18 Prozent. Ja, Windkraft mag für den Rotmilan nicht ungefährlich sein, aber lassen Sie uns gerne bei den realen Zahlen bleiben.

WINDKRAFTGEGNER 4

Sie müssen sich nicht wundern, wenn immer mehr Leute das Vertrauen in die Politik verlieren!

CAROLINE

Schauen Sie, es wird schon lange diskutiert, wie man verhindern kann, dass bestimmte Tierarten, in diesem Fall Vögel, gefährdet werden. Es gibt bereits eine Reihe von Experten, die sich mit Antikollisionstechniken beschäftigen. So können Windräder beispielsweise mit Sensoren ausgestattet werden, die Vögeln eine Ortung erleichtern - und so auch »kollisionsgefährdete Arten« wie den Rotmilan schützen.

WINDKRAFTGEGNER 1

Das machen Sie doch nur, weil Anwohner klagen.

TORSTEN (mischt sich nun ein, ist ein klein wenig zu provozierend)

Also ganz im Ernst, Windkraftanlagen sind keine wirklich ernst zu nehmende Gefahr für Vögel. Man schätzt, dass in ganz Deutschland vielleicht 100 000 Vögel pro Jahr wegen einer Kollision mit Windrädern sterben, maximal. Das klingt viel, ist aber nicht viel. Jährlich sterben in Deutschland mehrere Hunderttausend Vögel, weil sie gegen Fensterscheiben fliegen, und deshalb verbieten wir ja nicht Fensterscheiben. Gleiches gilt für den Straßenverkehr. Und der größte Feind der Vögel sitzt bei Ihnen zu Hause und leckt sich das Fell. Katzen dezimieren den Vogelbestand jeden Tag. Und zwar massiv.

WINDKRAFTGEGNER 1

Wer sind denn Sie eigentlich?

TORSTEN und CAROLINE drehen ab, sie gehen wieder zurück zur Veranstaltung, beim Öffnen der Eingangstür schaut CAROLINE ihn recht streng an.

TORSTEN (etwas in Abwehrhaltung)

Kann man denn nicht mal mehr normal, ganz sachlich über so etwas Wichtiges wie Energie sprechen? Wir müssen jetzt leider mal priorisieren!

INNEN

Veranstaltunghalle. CAROLINE und TORSTEN stehen im Foyer und sprechen weiter, beide engagiert.

CAROLINE

Das ist ein emotionales Thema. Entweder ist es der Rotmilan oder der Feldhamster. Wenn es darum geht, Windmühlen im Landschaftsbild zu verhindern, werden Menschen zu Tierschützern, die sich ihr Leben lang noch nie um Hamster geschert haben. Aber damit lässt sich klagen. Damit lassen sich infrastrukturelle Energieprojekte einfrieren, teilweise über Jahre.

TORSTEN

In der Tat.

CAROLINE

Das ist die Tierschutzfraktion. Die andere Fraktion kommt mit Abstand, Lärmschutz, Schattenwurf. Und der Rotmilan, der flattert dann immer noch dazwischen. Er ist zu einem regelrechten Symbol geworden.

Die beiden stoppen, blicken durch die Glasscheibe nach draußen.

TORSTEN

Siehst du die da auf der anderen Seite stehen? Geh mal rüber und sag, wir müssten uns ernsthaft mit dem Wiedereinstieg in die Atomkraft beschäftigen. Dann hast du das Gleiche - nur in, nun ja, Grün.

CAROLINE

Es herrscht doch kein Zweifel, dass wir etwas tun müssen, um die Emissionen von CO_2-Emissionen wirksam einzudämmen. Und

Elektrizitäts- und Wärmeerzeugung tragen global mit 42 Prozent zur Emission von Treibhausgasen bei. Darüber besteht bei den allermeisten Einigkeit. Doch ganz nüchtern betrachtet: Überall auf der Welt steigt der Energiebedarf, und es ist vollkommen unklar, wie es realistisch überhaupt möglich sein kann, diese enormen Mengen rund um die Uhr nur mit erneuerbaren Energien zur Verfügung zu stellen. Wir brauchen die Windenergie, da wir für einen sauberen Strommix entscheidend auf sie angewiesen sind. Es bedarf massiver Forschung und Investitionen, aber auch der Unterstützung aus der Bevölkerung. 80 Prozent der Menschen befürworten Windkraft, aber wenn mit dem Bau von Anlagen begonnen wird, heißt es: »Aber bitte nicht in meiner Nähe, danke fürs Gespräch.« Stromtrassen müssen durch das Land gezogen werden, um die Versorgungssicherheit der Bevölkerung zu sichern. Doch diese politischen Wahrheiten trauen sich die wenigsten den Menschen zuzumuten. Für die meisten kommt der Strom aus der Steckdose. Es ist der gleiche Strom, mit dem unsere Kinder während der Pandemie im Homeschooling ihre elektronischen Endgeräte wie Tablets oder Laptops speisten.
Es ist der gleiche Strom, der während der Pandemie dafür sorgte, dass mittels Oberleitungen unsere Personen- und Güterzüge in Bewegung gesetzt werden konnten, um Lieferketten und ein Mindestmaß an europaweitem Handel aufrechtzuerhalten.
Es ist der gleiche Strom, mit dem die grüne Avantgarde die Mobilitätswende im Individualverkehr vorantreiben will – an den Bedenken und auch den Bedürfnissen des Bürgers vorbei.
Die Politik muss den Menschen endlich in einfachen Worten erklären, dass ohne den Ausbau von Stromtrassen und der erneuerbaren Energien bei gleichzeitigem Atom- und Kohlestromausstieg in unserem Land die Lichter ausgehen. Allerdings verhagelt eine Energiepolitik, die auf Verboten, Vorschriften, Gesetzen und Vorgaben basiert, sowohl die Akzeptanz als auch die Bereitschaft zum Wandel. Das gilt nicht für alle, aber für den Großteil der Bürger hier in unserem Land. Was ist mit der

Bereitstellung von Alternativen und Anreizen, die das Gefühl vermitteln: Es lohnt sich, was ich hier tue? Eine Energiepolitik ohne notwendige Alternativen und Anreize gefährdet unseren gesamtgesellschaftlichen und volkswirtschaftlichen Wohlstand. Aber dieser bildet überhaupt erst die Grundlage und die Voraussetzung dafür, diese Energiewende erfolgreich gestalten zu können. Es muss eine Besserungsperspektive aufgezeigt werden. Nur so kann am Ende ein Wohlstandsgewinn ohne negative Folgen zulasten der Umwelt entstehen.

TORSTEN

Ich sage, Offshore-Anlagen sind Teil einer zukunftsträchtigen Lösung. Das ist ein Potenzial, das wir überhaupt noch nicht richtig nutzen. Global gesehen wird dieses Potenzial längst erkannt. Besonders China investiert viel Geld in Offshore-Windenergie und wird auch einer der größten, wenn nicht der größte Nutzer von Windenergie sein. Windturbinen, die vor der Küste aufgestellt werden, haben eine Reihe von Vorteilen. Auf offener See bläst der Wind sehr regelmäßig, wir hätten nicht die Intermittenz wie an Land, wo Windstille ein Problem ist. Mit Intermittenz bezeichnet man übrigens das Auftreten langer Zeiträume regulären Verhaltens, die durch kurze irreguläre Abschnitte unterbrochen sind. Bisher ist es allerdings nur eine winzige Menge Strom, die global gesehen aus Offshore-Windanlagen gewonnen wird. 2019 waren es gerade mal 0,4 Prozent. Wobei das meiste davon sogar in Europa, in der Nordsee, erzeugt wird. Wir müssen hier leider richtig Geld in die Hand nehmen. Die Turbinen der Offshore-Anlagen müssen größer werden. Und es braucht Lösungen, um diese größeren Anlagen fest und sicher im Meer zu verankern.

CAROLINE

Dass das in China funktioniert, ist mir klar. Dort streitet aber auch niemand mit dem Bürger über den Rotmilan.

TORSTEN

Sicher, aber auch die neue US-Regierung unter Joe Biden hat die Zeichen der Zeit erkannt. Die Biden-Administration wird mehr als zwölf Milliarden US-Dollar in den Bau von Windparks entlang der Atlantik- und der Pazifikküste investieren. Durch den Bau von Windparks sollen bis zum Jahr 2030 mehr als zehn Millionen Haushalte in den USA mit umweltfreundlichem Strom versorgt werden. Bis dahin möchte Biden rund 30 Gigawatt Windenergie produzieren und gleichzeitig die CO_2-Emissionen um 78 Millionen Tonnen verringern. Und das ist alles neu. Bis heute ist in den Vereinigten Staaten ja tatsächlich nur ein Offshore-Windpark voll einsatzfähig: der Block-Island-Windpark, der Ende 2016 vor Rhode Island fertiggestellt wurde und 30 Megawatt Strom produzieren kann. Deshalb ist die Entscheidung des Weißen Hauses wichtig, vielleicht auch als Vorbild für den Rest der Welt ... Und Offshore heißt eben auch, wir müssen hier weder um Landschaftsbilder noch den Rotmilan streiten.

Sie gehen zurück Richtung Saal, bleiben aber im Türrahmen stehen. Auf der Bühne steht ein Forscher, der über Solarenergie spricht. Er gilt als Experte auf dem Gebiet.

SOLAREXPERTE

Was meinen wir, wenn wir von der Energiewende reden? Uns ist die Dimension manchmal nicht bewusst. Wir reden hier von einer Umwandlung einer bestehenden Industriegesellschaft in eine nachhaltige Gesellschaft bis 2050. Das ist ein enorm langer Zeitraum. Politiker denken meist nur in Vier-Jahres-Abschnitten, bis zur nächsten Wahl. Dabei ist jetzt die Zeit zu handeln. Und wenn wir jetzt auf erneuerbare Energien umsteigen, haben wir für Jahrzehnte, ja sogar Jahrhunderte eine kostengünstige Energieversorgung. Vor allem aber müssen wir jetzt mit einer Stromwende beginnen. Das muss erklärtes Ziel sein, dass wir in allen relevanten Bereichen auf erneuerbaren Strom setzen, und dieser sollte vor allem auf Sonne und Wind basieren. Um die fossilen Energieträger komplett durch Sonne und Windenergie ersetzen zu können, brauchen wir Speicher. Zwar hat sich im Batteriespeicherbereich einiges getan, und man geht davon aus, dass rund 100 000 Privathaushalte mittlerweile einen Batteriespeicher haben, aber um wirklich effektiv zu sein, brauchen wir mindestens 10 bis 20 Millionen.

CAROLINE

Siehst du, genau das verstehe ich einfach nicht! Er sagt, wir müssen umsteigen auf Sonne und Wind. Am besten jetzt! Und dann sagt er im gleichen Atemzug, dass uns Speicher fehlen. Nun kann sich jeder ausrechnen, dass Sonne und Wind unserer Industriegesellschaft nicht den Gefallen tun, gleichmäßig zu liefern, wie wir es gerne hätten. Nennen wir die Dinge doch mal beim Namen. Unsere heute verfügbaren Technologien sind nur für die kurzfristige Speicherung anwendbar, von wenigen Sekunden bis Stunden. Über das Thema der Versorgungssicherheit müssen wir schon sprechen! Wir importieren bereits heute gewaltige Strommengen. Im vergangenen Jahr noch mehr als in den Vorjahren, weil hierzulande der Anteil von Kohle- und Atomkraft am Energiemix sinkt. Und so wird es weitergehen! Ende 2022 werden rund 20 Gigawatt abgeschaltet. Der Ausstieg aus der Kohleverstromung bis 2038 wurde unter der Voraussetzung für machbar erklärt, dass mehr grüner Strom produziert und neue Gaskraftwerke gebaut werden. Was ist hiervon zu sehen? Wie soll es Ende nächsten Jahres weitergehen? Wenn sich die Windräder nicht drehen, hoffen wir eben auf teure Stromimporte aus dem Ausland. Dass das teuer bezahlt werden muss und sich auf unseren Strompreis auswirkt, ist klar.

TORSTEN macht ein Zeichen. Sie gehen wieder zurück ins Foyer, setzen sich an einen Tisch, an dem bereits ein MANN und eine FRAU sitzen. Im Gespräch stellt sich heraus, dass beide einem Industrieverband angehören, dort politische Arbeit machen und ähnlich frustriert sind über die immer gleich ablaufende Diskussion in Deutschland. CAROLINE und TORSTEN haben von ihrer Diskussion vor der Tür berichtet.

MANN

Was diese Experten dort auf der Bühne gern unterschlagen, ist, wie viel Platz man für ihre erneuerbaren Energien benötigt, was in einem verhältnismäßig kleinen Land wie Deutschland durchaus ein Thema ist. Wer zeigt denn mal glasklar auf, wie viel Hektar Fotovoltaikanlagen errichtet werden müssten, um auch nur annähernd den Strombedarf einer mittleren deutschen Stadt abzudecken? Oder wie viel Windkraftanlagen wir tatsächlich aufstellen müssten? Das Problem mit der nach wie vor fehlenden Speicherung wird ja auch meist unterschlagen. Wir können einfach keinen Strom in solch großen Mengen speichern, solche Batterien gibt es einfach noch nicht. Wir müssten gigantische Überlandleitungen bauen. Wie soll das funktionieren, wenn wir es in all der Zeit noch nicht mal geschafft haben, auch nur ansatzweise genug Windräder aufzustellen?

FRAU

Oder wir müssen den Strom unterirdisch leiten, damit auch der in der Nordsee erzeugte Strom nach Bayern fließen kann. Doch unterirdisch gibt es natürlich auch Tiere und Böden, die werden belastet. Und so weiter und so fort.

MANN

Undurchführbar. Es wird nach wie vor an zig Genehmigungsverfahren scheitern. Allen voran am Natur- und Tierschutz.

FRAU

Das Hauptproblem ist und bleibt die Speicherung. Wie viele Batterien würde es beispielsweise brauchen, um eine Stadt wie Tokio drei Tage mit Strom zu versorgen? Vorausgesetzt, Tokio wird inzwischen mit Windkraft versorgt und wegen eines heftigen Sturms müssen die Anlagen zum Schutz abgestellt werden: Wie viele Batterien bräuchten wir für drei Tage Strom in Tokio?

Achselzucken in der Runde.

FRAU

Es würden 14 Millionen der heute verfügbaren Batterien benötigt werden, 14 Millionen für drei Tage Strom. Und diese Batterien würden rund 400 Milliarden US-Dollar kosten, also die heute verfügbaren Lithium-Ionen-Batterien und sogenannte Flüssigbatterien. Die Rechnung ist nicht von mir, diese Rechnung hat Bill Gates in seinem neuen Buch aufgemacht.

CAROLINE (lacht)

Bill Gates? Großartig, das überzeugt sicher alle Berufsskeptiker.

FRAU

Er wollte nur nachweisen, dass es außerordentlich schwierig und vor allem teuer ist, elektrische Energie in großem Umfang zu speichern.

CAROLINE

Das ist mir schon klar. Ein weiteres Problem ist, dass unsere Stromkosten jetzt schon 43 Prozent über dem EU-Durchschnitt liegen. Das hat der Bundesrechnungshof jüngst ermittelt. Und da wir künftig noch mehr Strom von unseren Nachbarländern importieren müssen, weil hierzulande ja auch noch die letzten Kernkraftwerke abgeschaltet und Sonne sowie Wind nicht in der Lage sein werden, unseren Bedarf gleichmäßig zu decken, kann ich mir kaum vorstellen, dass er günstiger wird.

MANN

Ganz genau!

CAROLINE

Wie wollen wir langfristig konkurrenzfähige Produkte anbieten, wenn wir die hohen Stromkosten auf den Kunden umlegen müssen? Und die Preistreiber beim Strom sind nicht die reinen Erzeugungskosten, sondern vielmehr eine Vielzahl von Abgaben, Umlagen und Steuern, die der Finanzierung der Stromerzeugung aus erneuerbaren Quellen dienen: Entgelte für die Netznutzung, die Umlage zur Förderung der Kraft-Wärme-Kopplung, die Offshore-Haftungsumlage bis zur Stromsteuer und so weiter.

TORSTEN

Die Romantiker stellen es gerne so dar, als sei die private Fotovoltaikanlage auf dem Garagendach die Lösung des Energieproblems. Um den Ausstoß an Treibhausgasen zu reduzieren, braucht die Industrie allerdings enorme zusätzliche Mengen an elektrischem Strom aus erneuerbaren Energien. Nur so gelingt es, die Produktionsprozesse bei energieintensiven Branchen wie zum Beispiel Chemie zu erhöhen. Und bei den jetzigen Strompreisen geht das einfach nicht. Strom muss günstiger werden. Und zwar schnell.

CAROLINE

Parallel soll die Elektromobilität weiter zunehmen. Dies ist politischer Wille und wird dementsprechend subventioniert. Hierfür brauchen wir dann noch mehr Strom.

FRAU

Das heißt, wir werden das Land mit Solar- und Windanlagen zupflastern, bis es ausgereifte, ökonomisch sinnvolle und tragfähige Speichermöglichkeiten gibt?

CAROLINE

Das Problem ist längst da. Wir haben jetzt schon nicht immer genug Strom und müssen ihn – teilweise erzeugt von älteren und unsicheren Atomkraftwerken in Grenznähe –importieren. Im vergangenen Jahr schon deutlich mehr als in den Vorjahren. Laut Bundesnetzagentur sind 2020 knapp 33 000 Gigawattstunden ins Stromnetz geflossen, das sind rund 36 Prozent mehr als 2019.

Die Tür zum Saal geht auf, und die letzten Passagen des Vortrags des SOLAREXPERTEN sind zu hören.

SOLAREXPERTE

Würden Solar- und Windparks räumlich zusammengelegt, könnte man nicht nur die Fläche viel effizienter nutzen, sondern auch den gleichen Netzanschlusspunkt. Da wird es zum Vorteil, dass Wind- und Solaranlagen zu unterschiedlichen Zeiten Strom produzieren: Wir könnten gleich gigawattweise Solar- und Windenergieanlagen zubauen, ohne an den Leitungsausbau denken zu müssen – und deswegen sollte man dieses Potenzial auf alle Fälle heben. Die Verschattungsverluste an den Solaranlagen durch die Windräder sind im einstelligen Prozentbereich und relativ klein, was zwar für Mehrkosten sorgt, die man zusätzlich vergüten müsste. Aber man würde sich den Leitungsausbau ersparen.

TORSTEN

Komm, Caro, das war unser Stichwort. Ab nach Hause.

MANN (winkend)

Na dann, gute Heimfahrt!

AUSSEN

CAROLINE und TORSTEN verlassen zügig die Halle. Draußen vor der Tür gehen sie an den Windkraftgegnern vorbei, steuern auf die kleine Gruppe der Umweltschützer zu.

TORSTEN

Wir gehen jetzt aufs Ganze.

CAROLINE

Was hast du vor? Für meinen Teil hatte ich heute genug Debatte.

Am Stand der Umweltschützer entspinnt sich eine weitere Diskussion, und irgendwann sagt CAROLINE den Satz:

CAROLINE (fest)

Wir hätten mal nicht so schnell aus der Atomenergie aussteigen dürfen.

UMWELTSCHÜTZERIN (sehr überzeugt, sehr energisch)

Das wäre der helle Wahnsinn! Der beschlossene Ausstieg aus der Atomkraft nach Fukushima war die einzige Alternative, um diesem Wahnsinn endlich zu entgehen. Und die Endlagerung ist doch immer noch nicht gelöst!

TORSTEN

Erstens: Das stimmt nicht. Zweitens: Atomkraft ist die einzige CO_2-freie Energiequelle, die zuverlässig rund um die Uhr und zu jeder Jahreszeit Strom liefern kann. Es ist die effizienteste Energiequelle. Nach einer Studie des amerikanischen Energieministeriums braucht es auch im Vergleich zu anderen Energiequellen deutlich weniger Materialien wie Beton, Zement oder Stahl, um ein Atomkraftwerk zu errichten. Es ist also auch ressourcenschonender.

UMWELTSCHÜTZER

Auch mehr als 80 Jahre nach Entdeckung der Kernspaltung ist noch nicht einmal klar, wie man den hoch radioaktiven Abfall lagern müsste, damit er nicht zur Gefahr für Mensch und Umwelt wird. Das ist strahlender Sondermüll, der Zigtausende Generationen noch belasten wird. Bis die Strahlung der radioaktiven Abfallstoffe aus den Atomkraftwerken einigermaßen abgeklungen ist, dauert es immer noch ungefähr eine Million Jahre. Hätten unsere Vorfahren, die Neandertaler, schon Atomkraftwerke gehabt, der Abfall der Dinger würde immer noch strahlen.

CAROLINE

Da haben sie recht. Nur ein paar Anregungen: Was bringt es uns, Strom aus deutlich unsicheren Anlagen aus unmittelbarer Grenznähe zur Bundesrepublik Deutschland, wie Polen, Tschechien oder Frankreich, zu importieren, während wir in Deutschland in der Lage wären, Atomstrom mit deutlich moderneren und sichereren Anlagen zu produzieren? Hierzu fehlt uns aber der politische Wille. Weltweit bauen Industrienationen auf sichere deutsche Atomkrafttechnik als Energieträger, und wir selbst trauen unserem eigenen Exportschlager nicht.

UMWELTSCHÜTZER

Schon mal die Namen Fukushima oder Tschernobyl gehört?

TORSTEN

Das waren Katastrophen, absolut schlimme Katastrophen. Aber wäre es nicht sinnvoll, eine Technologie, die uns allen sehr nutzen könnte, nicht zu verdammen, sondern sicherer zu machen? Also weiter in Forschung und Entwicklung zu investieren, um künftige Fehler zu vermeiden? Liegt nicht darin der Schlüssel zum Fortschritt?

UMWELTSCHÜTZER

Sicherer? Fakt ist, keines der 130 Atomkraftwerke in Europa bekäme heute noch eine Genehmigung. Es fehlt an allem, an Schutz gegen Flugzeugabstürze, es gibt nur unzureichende Notkühlungen und keine Strategien oder Sicherungssysteme gegen Kernschmelzunfälle. Es drohen permanent Störfälle, die Menschenleben kosten und riesige Gebiete für Hunderte von Jahren unbewohnbar machen würden. Und das größte Problem ist menschliches Versagen. Da helfen Ihre Innovationen nicht im Geringsten.

CAROLINE

Doch, genau da könnten sie helfen. Es ist das Wesen von Innovationen, dass sie Problemlösungen bieten. Und noch mal, Deutschland wird bis 2022 endgültig aus der Atomkraft aussteigen, und Frankreich, unser wichtigster Partner in Europa, setzt weiter auf Atomstrom.

TORSTEN

In den USA hat die Klimakrise die klare Schwarz-Weiß Trennung zwischen Umweltschützern und Atomkraftbefürwortern aufgebrochen. Der berühmte Klimaaktivist Michael Shellenberger hat schon vor einigen Jahren gesagt, ohne Atomkraft sei die Klimawende einfach nicht zu schaffen. Er bezog sich in einem viel beachteten TED-Vortrag, den ich Ihnen nur empfehlen kann, auf das kalifornische Atomkraftwerk Diablo Canyon, das allein doppelt so viel Strom erzeugt wie alle Sonnenkollektoren des Bundesstaates Kalifornien zusammen. Und Kalifornien ist in den USA der Solarstaat Nummer eins.

UMWELTSCHÜTZER

Ach, Shellenberger ...

TORSTEN

Wenn Diablo Canyon vom Netz geht, sagt Shellenberger, drohe ein Effekt, als ob man mal eben zwei Millionen Autos zusätzlich auf die Straße bringen würde. Auch Energieexperten im Umfeld der US-Regierung schwenken um. Denn, und das wird immer klarer, mit Atomkraft kann man Klimaziele einhalten, und das sogar bei einem weltweit steigenden Energiebedarf. Und das wirklich Interessante dabei sind die Innovationen. Man plant nicht mehr mit nuklearen Großanlagen, sondern ist dabei, dezentrale Miniatomkraftwerke zu entwickeln. Eine amerikanische Firma baut bereits sogenannte »Small Modular Reactors« (SMR), kleine Kraftwerke, die modulartig zusammengesetzt werden können und die flexibler und sicherer sind als bisherige AKWs. Solche Lösungen sollten wir nicht kategorisch ausschließen, sondern wenigstens diskutieren.

INNEN

Büro von Caroline. Es ist Abend, CAORLINE bereitet ein kleines Video vor zum Thema Energie. Sie spricht in die Kamera:

CAROLINE

Die Energiewende, die Deutschland allein einleitete,
wurde in anderen Teilen der Welt
teils verwundert,
teils anerkennend verfolgt.

Man lobte Deutschland für den Schritt.
Man konnte aber nicht glauben, dass ein Industriestandort
wie Deutschland
sich das leisten kann,
ohne tatsächlich zuverlässige Alternativen für den
kompletten Ausstieg aus der Atomkraft zu haben.

Andererseits dachten viele auch,
wenn es einer schafft, dann Deutschland.
Das machte uns stolz.
Und wir sahen uns da immer auch in einer Vorbildfunktion.
Das ist wirklich ein schönes Gefühl:
Vorbild sein!

Fakt ist.
Wir sind vielleicht Vorbild.
Oder wir halten uns für ein Vorbild.
Aber es hat sich tatsächlich niemand unseren Atomausstieg
zum Vorbild genommen.
Seit zehn Jahren nicht.

Eher das Gegenteil ist der Fall:
In China sind derzeit 44 neue Atomreaktoren geplant.
In Großbritannien 2.
In Indien 14.

Jetzt kann man sagen:
Die genannten Länder hätten sich Deutschland
ohnehin nicht als Vorbild genommen.

Aber auch EU-Nachbarn wie Polen
oder auch die Niederlande planen neue Reaktoren.
Die Niederlande denken sogar an vier der neuen modularen
Minireaktoren.
Und natürlich Frankreich.
Frankreich hat 56 Reaktoren und damit nach den USA mit 94
die zweitmeisten der Welt.
Vielleicht würden sich andere ein Beispiel an uns nehmen,
wenn wir Innovationen im Bereich der Atomenergie
vorweisen können.
Wenn es uns gelingt, Kraftwerke sicherer zu machen.

Wenn es sogar gelingt, Methoden zur Zersetzung des Atommülls
zu erfinden.
Wenn wir unserem Ruf als Tüftler und Erfinder gerecht werden.

Die Menschheit ist immer durch Innovationen einen Schritt
vorangekommen.

Eine Energiewende zulasten unserer Wettbewerbsfähigkeit,
die unseren Industrie- und Wirtschaftsstandort schädigt,
taugt nicht als Modell oder Pilot für andere Staaten,
die gerne ebenfalls Ökonomie und Ökologie versöhnen und
verbinden möchten.
Sie besitzt keine Strahlkraft.
Weder für unsere Bürgerinnen und Bürger
noch über unsere Landesgrenzen hinaus.

Eine Energiewende zulasten unserer Wettbewerbsfähigkeit
ist eine gescheiterte Energiewende.
Sie gefährdet nicht nur unseren Wohlstand,
sondern auch die Finanzierung des Sozialstaats.

Worüber wir sprechen müssen,
ohne gleich als Gegner diffamiert zu werden:
Wir dürfen nicht den zweiten Schritt vor dem ersten machen.
Das heißt
aus der Kohle aussteigen,
konventionelle Energieträger tabuisieren,
aber keine tragfähige Antwort darauf haben,
wie die fehlende Energie dann ersetzt werden kann.

Laut Internationale Energie Agentur (IEA) wird
der weltweite Energieverbrauch zu mehr als 70 Prozent
nach wie vor durch Öl, Erdgas und Kohle gedeckt.
Und das sollte man nicht außer Acht lassen.

Die Energiewende hierzulande erfolgt aus CO_2-zentrierter Sicht.
Das kann man so machen!
Das energiepolitische Zieldreieck besteht aber noch aus zwei weiteren wesentlichen Punkten:
Versorgungssicherheit und Preiswürdigkeit.

Natürlich brauchen wir den Ausbau der Erneuerbaren.
Die Energiewende muss und wird sowieso stattfinden!
Aber bitte mit einem durchdachten, klugen Konzept.
So ehrlich muss man sein dürfen.

RADIO FUTURE SENDET AUS DEM JAHR 2030.

Nach mehr als 20 Jahren ist im marokkanischen Ouarzazate das Tor in eine neue Zeit aufgeschlagen worden. Das gigantische Solarkraftwerk »Desert Power X« wird künftig nicht nur Teile Nordafrikas mit Solarenergie versorgen, sondern auch weite Teile Europas. 2009 war das Projekt als »Desertec« vor allem auch von deutschen Firmen wie Siemens oder der Deutschen Bank aus der Taufe gehoben worden. Doch schon nach kurzer Zeit entbrannte ein heftiger Streit, weil es von Anfang an hauptsächlich darum ging, Strom von Afrika nach Europa zu bringen und dabei den lokalen Bedarf außer Acht zu lassen. Es ging auch um riesige Stromnetze, die man quer durch das Mittelmeer legen müsste, was wiederum höchst aufwendig gewesen wäre. Da man damals noch nicht ahnte, wie sehr allerdings der Bedarf an Solarenergie steigen würde, versandete das am Rand der Sahara gelegene Projekt im wahrsten Sinne des Wortes. Doch mehr als 15 Jahre später fand sich ein neues europäisch-afrikanisches Konsortium, das nicht nur die alte Idee einer Solaranlage in der Wüste wiederbelebte, sondern die Anlage noch in viel größeren Dimensionen dachte - und auf den Bedarf im Jahr 2030 ausrichtete. In der vergangenen Woche konnte im Beisein des marokkanischen Königs sowie einer Vielzahl von Regierungschefs aus Europa das gewaltige Projekt eingeweiht werden. Nach Angaben der Betreiber soll das Solarkraftwerk langfristig über eine Leistung von 3,8 Gigawatt verfügen. Vor allem aber ist es gelungen, dass im Zuge von »Desert Power X« auch eine neue, weltweit bisher einzigartige Speicheranlage für Solarstrom in Betrieb ging. Damit wird die Speicherung von Strom wesentlich einfacher, auch in Ländern, in denen die Sonne nicht so regelmäßig und intensiv scheint wie in der Sahara. Beides, Solaranlage und Speicheranlage, sind das Ergebnis jahrelanger Forschung und Innovation.

FOLGE 6

WARUM BIN ICH IMMER SCHULD? WARUM MÜSSEN WIR IMMER FÜR ALLES VERANTWORTUNG TRAGEN?

Auf der Social-Media-Plattform Clubhouse entspinnt sich eine leidenschaftliche Debatte um Moral und Verantwortung. Caroline macht klar, warum uns Deutschen die Weltretterpose nicht (zu)steht und warum wir trotzdem Verantwortung übernehmen müssen.

Szene läuft →

INNEN

Wir befinden uns in einem virtuellen Setting, bei einem Talk auf Clubhouse. Mehrere Hundert Menschen haben sich über die Social-App angemeldet. Sie treffen sich um 17 Uhr an einem Pandemie-Sonntag in einem von CAROLINE erstellten Raum. Das Prinzip der Clubhouse-App ist eine Art Live-Podcast oder eine Telefonkonferenz, bei der sich Menschen zusammenschalten können, um über ein bestimmtes Thema zu sprechen. CAROLINE hat sich vorgenommen, bei der Diskussion über Schuld und Verantwortung zu sprechen und wie mit Moral und Ethik in Deutschland Politik betrieben wird – und warum das meist nur gut gemeint, aber eben nicht gut ist. Als Überschrift steht über der Diskussion: »Warum bin ich immer schuld? Warum müssen wir immer für alles Verantwortung tragen?«

CAROLINE

Schön, dass so viele hier sind, das freut mich. Ich hoffe auf gute Beiträge, auf jeden Fall sind klasse Leute im Raum. Also, zum Thema: Ich möchte über Verantwortung sprechen. Ich weiß, das klingt auf den ersten Blick nicht besonders attraktiv. Aber das Thema ist im gesellschaftlichen Diskurs zu wichtig geworden, zu präsent. Schuld und Verantwortung begegnen uns beinahe täglich. Nicht nur im privaten und beruflichen Kontext, sondern auch im öffentlichen. Zum Beispiel, was den Klimawandel betrifft. Die einen fühlen sich mitschuldig und möchten Verantwortung übernehmen. Die anderen können nicht verstehen, dass ausgerechnet ihre Flugreise daran schuld sein soll, dass im Amazonas die Wälder brennen. Letztere werden von denjenigen, die den Verzicht predigen, gerne belehrt. Ihr Verhalten sei wenig moralisch und verantwortungslos.

Wie seht ihr das? Schuldgefühle und – oftmals damit einhergehend – die Forderung nach Verzicht. Ist das der richtige Weg? Da meldet sich jemand, hallo, Marcel.

MARCEL (eine männliche Stimme, etwas hoch, aber sehr bestimmt)

Danke, interessantes Thema. Ich bin eher zufällig in den Raum hier geraten, etwas mühsamer Stoff für einen Sonntagnachmittag. Aber wenn ich schon mal hier bin. Ja, ich denke, da geht es vielen Menschen so: Vor allem, wenn es um die ganzen Ökothemen geht: Klima, Umwelt etc. Mir ist das Klima auch wichtig. Es ist ja nicht nur so, dass die Sommer einfach nur übertrieben heiß sind. Ich sehe all die negativen Konsequenzen fehlender Nachhaltigkeit. Aber ja, ich frage mich schon, ob die devote Haltung vieler Menschen nicht nur übertrieben, sondern auch ein bisschen anmaßend ist. Als ob wir hier in Deutschland auf unseren Schultern das Schicksal der Weltgemeinschaft schultern müssten. Und darüber hinaus den einzigen Schlüssel zum Glück hätten.

CAROLINE

Okay, ich hole jetzt mal ein paar Leute hoch, die hier die Hand gehoben haben. Denise, Volker, Tobi.

DENISE

Hallo in die Runde. Ich kenne dich, Caroline, aus ein paar Talkrunden bei Clubhouse. Um auf die Frage direkt einzugehen. Ja, auch mir ist das manchmal zu viel. Zu viel Moral, zu viel schlechtes Gewissen. Ich möchte Dinge tun, weil ich sie gerne mache. Damit ich mich danach gut fühle! Und nicht, damit irgendein Katastrophenszenario ausgeblieben ist, das von mir und meinem persönlichen Leben ganz weit weg ist. Das ist doch ein ganz anderes Storytelling, könnte sich die Politik mal zu Herzen nehmen. Wenn ich daran denke, mit was grüne Politiker manchmal drohen. Es gibt sicherlich Menschen, die man so mitnehmen kann. Aber nicht alle.

MARCEL

Ich stelle mir noch eine ganz andere Frage. Ich weiß um die Kraft von Bewegungen und auch, dass irgendjemand immer den Anfang machen muss. Aber ganz gleich, wie viel ich darüber auch nachdenke, ich frage mich immer wieder, was ich kleiner Hansel schon bewirken soll. Ich schränke mich ja schon jeden

Tag ein. Vor allem, wenn ich indirekt dazu gezwungen werde. Guckt euch mal die Spritpreise an, da macht das Autofahren selbst mir keinen Spaß mehr. Aber der Punkt ist: Was ist mit den Millionen Menschen, ich denke vor allem an Nahost, die sich nicht darum scheren, was sie in die Luft blasen? Ihnen scheint das Klima egal, dort werden ständig neue Kohlekraftwerke gebaut.

DENISE (etwas laut, sie scheint zu nahe an den Hörer gekommen zu sein)

Du sprichst einen wunden Punkt an. Wir verirren uns in einer vermeintlichen Vorbildfunktion, während die allermeisten anderen Nationen der Welt niemals gewillt sein werden, unserem Beispiel zu folgen. Der Atomausstieg ist das beste Beispiel.

VOLKER (eine ältere Stimme, etwas lehrerhaft)

Wenn jeder diese Einstellung hätte, würden wir niemals vorankommen. Das Ganze ist mehr als die Summe seiner Teile. Das sollte eigentlich klar sein. Und jeder, der mit gutem Beispiel vorangeht, sorgt dafür, dass es ihm andere nachmachen.

MARCEL

Hm, weißt du, du trinkst vielleicht Sojamilch oder isst irgendetwas Veganes, in Ordnung, das darfst du gerne machen. Aber deswegen muss ich das nicht nachahmen. Und das ist nur ein Beispiel.

VOLKER

Glaubst du nicht, dass irgendjemand den Anfang machen muss?

MARCEL

Doch. Wahrscheinlich schon. Wenn ich wüsste, dass es etwas bringt, würde ich es sogar gerne machen.

DENISE

Mir sind Nachhaltigkeitsthemen auch ganz wichtig. Aber mich stört noch etwas anderes. Mir stößt dieser predigerartige Habitus der Habecks und Baerbocks dieser Welt ganz schön auf. Und diese Doppelmoral. Ich möchte nicht gegen die Grünen schießen, ich bin ziemlich unpolitisch. Aber wie oft zirkulieren in den verschiedenen sozialen Netzwerken Videos, die zeigen, dass die größten Prediger die dicksten Autos fahren, schicke Villen bewohnen, gerne Marke Altbau, Energieffizienz gleich null. Videos, die zeigen, wohin unsere grünen Weltverbesserer regelmäßig in Urlaub fliegen. Die Tage ging wieder ein solches Video herum. Es zeigt, wie ein Politiker der Grünen die ganze Welt bereist. Auf seinem Instagram-Profil ist zu sehen, wie er in den letzten Jahren zwischen Deutschland, Myanmar, New York, Thailand gejettet ist und Urlaub gemacht hat.

MARCEL

Haha. Sicher nur, um das Klima zu retten! Also ich traue sowieso keinem Politiker über den Weg. Alle korrupt. Außer der Gysi. Ich glaube, der ist geradeheraus.

DENISE (leicht irritiert)

Also ... jedenfalls ... So ein Verhalten hat für mich auch mit Moral und Verantwortung zu tun. Ich möchte mir von so jemandem nicht sagen lassen, dass meine Flugreise am Ende mehr »Schuld« als seine nach sich zieht. Überspitzt: Er darf ständig in den Urlaub fliegen, das ist okay. Aber meine Bolognese, die ist nicht okay.

TOBI (eher jüngere Stimmer, spricht sehr schnell)

Mich stimmt das alles sehr nachdenklich. Ich bin gerade 19 geworden, ich darf dieses Jahr das erste Mal wählen. Ich würde eigentlich die Grünen wählen. Aber inzwischen habe ich ein echtes Vertrauensproblem, auch aus den Gründen, die Denise eben genannt hat. Die CDU überzeugt mich aber genauso wenig. Ich glaube, die machen jetzt Nachhaltigkeit und Klima, weil sie es müssen. Weil sie glauben, dass sie so an junge Wähler kommen.

CAROLINE

Aha?

TOBI (etwas zögerlich)

Okay, ich passe mal besser auf, was ich sage, du bist ja auch in der CDU, und ich möchte ja niemandem zu nahe treten. Aber so funktioniert das nicht bei den jungen Wählern, glaube ich.

CAROLINE

Warum nicht? Unsere Klimapolitik ist sicher nicht schlechter. Ganz im Gegenteil. Eine Klimapolitik, die sich nur die oberen

Gesellschaftsschichten leisten können, konterkariert ihr eigenes Ziel, nämlich Schadstoffausstoße in der Breite zu reduzieren. Um das erreichen zu können, brauchen wir die Akzeptanz der Bürgerinnen und Bürger. Nicht nur von denjenigen, die sich in ihrer kleinen Blase befinden, in der sich von morgens bis abends alles nur ums Klima dreht. Wir können nicht nur die urbanen Besserverdiener und ihre Kinder im Blick haben, die sich an Freitagen selbst von der Schulpflicht befreien, um Greta zu huldigen. Wir müssen auch denjenigen Rechnung tragen, die beispielsweise im ländlichen Raum auf ihr Auto angewiesen sind. Wir müssen außerdem jenen Rechnung tragen, die als Alleinerziehende gerade so über die Runden kommen. Und auch denjenigen, die sich als selbstständige Handwerker jeden Tag abarbeiten und nicht in rein akademischen Zirkeln die Klimaschutzweltrevolution ausrufen. Ihr wollt, dass das neue gesellschaftliche »Mantra« Klimaschutz die Lebenspläne der Menschen begleitet? Dann gehört dazu auch ein Plan, wovon der Einzelne leben soll. Eine Antwort auf die Frage, wovon nachfolgende Generationen leben sollen, konnte die Union immer geben. Das wird uns auch immer von anderen Parteien, insbesondere den Grünen, unterscheiden. Die Transformation hin zu einer klimaneutralen Gesellschaft schafft man nicht in einer Legislaturperiode.

TOBI

Darum geht es doch nicht. Ich kann jetzt nicht für alle sprechen, aber wenn ich mich in meinem Freundeskreis umschaue, da wählt keiner CDU. Da könnt ihr so viele Umweltthemen besetzen, wie ihr wollt. Noch nicht mal, weil wir euch das nicht glauben. Die Merkel macht ja wirklich viele soziale Sachen, und ich verstehe auch, dass man nicht von heute auf morgen das Fliegen verbieten kann. Aber die Grünen sind einfach frischer. Jünger, hipper, cooler. Und das ist auch einfach mal was anderes. Ganz ehrlich, die CDU stellt die Kanzlerin, seitdem ich drei Jahre alt bin. Drei Jahre!

VOLKER

Und noch was. Jemandem, dem Klimaschutz wirklich wichtig ist, wichtiger als alles andere, der wählt direkt die Grünen. Ich weiß, wovon ich spreche, denn ich bin so jemand. Sozialverträglichkeit hin oder her, ich kenne alle Argumente. Aber ich möchte keine Kompromisse. Weder die ganz faulen noch die weniger faulen. Mir ist der Schutz unseres Planeten wichtiger als alles andere, ich stehe dazu. Und die CDU steht beim Klima- und Umweltschutz eher für Kompromisse. Das weiß doch jeder.

CAROLINE

Okay, Volker, akzeptiert. Da spricht der überzeugte Idealist. *(Bevor Volker protestieren kann)* Psychologisch betrachtet ist es nun mal so, dass Moral auch Orientierung gibt. Dass es nicht nur etwas Religiöses, sondern auch Eindeutiges hat, wenn man sich hinstellt und sagt: Das darf man, das darf man nicht. Ich verstehe es sogar! Persönlich bin ich auch keine Freundin von »einerseits, andererseits«. Ganz ehrlich, das kann jeder. Ein Thema von allen Seiten beleuchten, dreimal umdrehen und am Ende sagen, dass es so und so gehen kann, beides hätte seine Vor- und Nachteile. Ich habe allerdings das Gefühl, dass die Menschen sich nach klaren Aussagen sehnen. Und das muss man den Grünen lassen: Bei all ihrer Widersprüchlichkeit, bei all den, mit Verlaub, wenig sinnhaften Forderungen, die manchmal vorgetragen werden: Frei und geradeheraus klappt bei denen ganz gut.

Noch mehr Zuhörer melden sich. CAROLINE holt sie auf das Diskussionspodest, unter anderem auch TORSTEN.

Torsten, ich grüße dich. Du hast dich gemeldet. Moral, Verbot, Zeigefinger – ist das der einzige Weg, Menschen zum Umdenken zu bringen?

TORSTEN (die Stimme hallt etwas, die Verbindung scheint nicht so gut zu sein)

Nun, zunächst sehe ich eine Frage als zentral an: Wie gehen wir damit um, wenn alle einen Beitrag leisten sollen, damit wir auch in Zukunft ein Allgemeingut nachhaltig und gerecht teilen können? Womit wir neben der Frage, was tatsächlich ein Allgemeingut ist, auch bei der Frage nach der Verantwortung jedes Einzelnen wären. Der amerikanische Ökologe Garrett Hardin hat Ende der 1960er-Jahre von der Tragik der Allmende gesprochen. Er bezog sich dabei auf mittelalterliche Dorfgemeinschaften, bei denen einzelne Weideflächen für die Allgemeinheit frei zugänglich waren, aber nicht nur die Weide, auch der Brunnen oder das Vieh wurden als Allmende bezeichnet. Die Tragik der Allmende entsteht laut Hardin, wenn jeder Bauer versucht, so viel Vieh so lange wie möglich auf der gemeinsamen Weide grasen zu lassen und niemand sich um die Pflege des Bodens kümmert. Wenn diese Gleichgültigkeit anhält, kann es kritisch werden: das Land verödet, das Vieh verhungert. Die Tragik besteht in der Unabwendbarkeit dieser Katastrophe, wenn jeder nur auf den eigenen Vorteil aus ist und damit seinen Beitrag leistet, um ein Allgemeingut zu zerstören. Hardins Schlussfolgerung besteht nun darin, dass die freie Verfügbarkeit von Kollektivgütern eingeschränkt werden müsse, um sie zu bewahren. Zugang und Verteilung müssen kontrolliert werden, weil sich sonst keiner dran hält. Es muss eine wie auch immer definierte Autorität geben, die darauf achtet, dass die Überbeanspruchung sich in Grenzen hält. Das ist machbar bei relativ überschaubaren Weideflächen, bei einem Acker oder in dörflichen Gemeinschaften. Problematisch wird es bei globalen Herausforderungen, wenn es um weltweite, ich sage mal: »Weideflächen« geht. Der Klimawandel beispielsweise betrifft die ganze Welt, jedes einzelne Land wird sich früher oder später mit den Folgen auseinandersetzen und Lösungen finden müssen. Aber selbst wenn einzelne Staaten den Umgang mit CO_2-Emissionen auf ihrem Territorium regulieren, hätte das wenig Einfluss auf das Gesamtsystem. Es bräuchte vielmehr eine übergeordnete Autorität, die es – weniger moralisierend, sondern recht rational – regelt, und zwar am besten für den ganzen Planeten. Diese Autorität gibt es aber nicht, das Pariser Klimaabkommen bildet nicht wirklich diese Autorität ab. Und darin liegt eben auch die Tragik. Aber um auf unser Thema zu kommen: Wenn wir in Deutschland harte Emissionsziele beschließen, wenn wir uns alle streng daran halten, ist das zwar Balsam auf unsere Seele, und wir können uns auch erhaben und gut fühlen, weil wir uns engagieren, nur: Den Klimawandel stoppen werden wir auf diesem Weg nicht. Noch mal, was für eine Tragik. Wir wollen Vorbild sein und wollen, dass alle so sind wie wir. Das wird aber nicht funktionieren. Weil wir es nur gemeinsam mit allen anderen schaffen werden.

CAROLINE

Okay, so weit wollte ich noch gar nicht ausholen. Aber das ist sicher ein wertvoller Hinweis.

LARS (klingt nach einem Gemütsmenschen, etwas jovial in der Stimme, leichter Pfälzer Dialekt)

Jetzt mal im Ernst, was ich bisher gehört habe, klingt ja so, als sei Deutschland ein kleiner Inselstaat, der vom Verkauf von Mangos und der Fischerei lebt. Natürlich hat das Einfluss, was in Deutschland geschieht, natürlich ist Deutschland in einer Vorbildfunktion. Wir sind ein Hochindustrieland: Autos, Chemie, Maschinenbau, das macht uns aus. Und natürlich ist es wichtig, wie verantwortungsvoll Deutschland mit Ressourcen und der Umwelt umgeht, und natürlich achten auch andere Länder darauf, wie der Industriestandort Deutschland beispielsweise den Ausstoß von CO_2-Emmissionen minimiert. Da achten andere Länder sehr genau darauf, auch auf die technologischen Innovationen hierzulande. Das hat auch etwas mit Zukunftsfähigkeit zu tun. Deshalb brauchen wir sinnvolle Lösungen für die Industrie, das hat weniger mit Moral zu tun.

CAROLINE

Das trifft es ziemlich gut. Statt den Menschen einzureden, dass Verzicht allein der Schlüssel zum Glück ist, müsste sich Deutschland zum Beispiel bei der WTO dafür starkmachen, dass es einen internationalen Handel für Emissionszertifikate gibt. Dafür wird es Zeit! Der Emissionshandel ist ein marktwirtschaftliches Instrument. Solange der Markt entscheidet, in welchen Bereichen CO_2 vermieden werden kann, ist das viel effizienter als plumpe Versteuerung. Strom- und Ökosteuer, die EEG-Umlage oder erhöhte Netzentgelte haben sich als nicht fruchtbar erwiesen. Emissionshandelssysteme entstehen auf der ganzen Welt. Wir müssen ein globales Problem auf einer globalen Ebene lösen und nicht mit moralisierendem Klein-Klein. Das müsste auf europäischer Ebene beginnen und so schnell wie möglich ausgeweitet werden. Nationale Alleingänge bringen nichts.

LARS

Und dass wir hier den Einzelnen mit zig Umlagen belästigen und Unternehmen mit horrenden Strompreisen quälen, ist sicher nicht die Lösung.

JANINA (eine sehr helle Stimme, Sprachfarbe hochdeutsch)

Noch ein anderer Punkt. Manchmal finde ich, dass unser Handeln in Deutschland ziemlich ambivalent wirkt. Zum einen wollen wir den europäischen Hegemon spielen, der Vorschriften für die Einhaltung und Umsetzung von Klimazielen macht. So nach dem Motto: Am deutschen Wesen soll die Welt genesen. Vielleicht nicht ganz so extrem, aber es ist schon echt anmaßend.

MARIE (sehr junge Stimme)

Bei der Flüchtlingskrise war es im Grunde doch ähnlich. Man handelte human und war sicher, dass der Rest von Europa schon folgen würde. Was er bekanntermaßen nicht tat. Nun haben wir eine etwas andere Situation, denn es ist sicher nicht so, dass Deutschland einzig und allein das Land der Klimaschutzmaßnahmen sein muss. Aber es ist erneut das Land der absoluten, teils überstürzten Ideen und Maßnahmen. Ich sage nur: Atomkraft. Quasi von heute auf morgen abgeschafft, beinahe kopflos hat das gewirkt. Heutzutage dasselbe mit der Kohle. Kein Plan, wo der Strom sonst herkommen soll. Aber Hauptsache, raus.

CAROLINE

Sehe ich ähnlich. Was aus der Flüchtlingskrise folgte, war eher die zunehmende Isolation unseres Landes in Europa. Andere Länder sind unserem Ansatz nicht gefolgt. Beim Atomstrom übrigens auch nicht, wie Marie es schon angedeutet hat. Wir schalten die Atomkraft ab. Eine aus der Sicht vieler Experten sehr klimafreundliche Alternative zu fossilen Brennstoffen.

VOLKER

Ich sehe das nicht als Schwäche. Und den Vergleich mit dem »deutschen Wesen«, an dem die »Welt genesen« soll, halte ich für problematisch. Es ist doch großartig, wenn sich unser Land menschlich zeigt, wenn Tausende von flüchtenden Menschen aus Kriegsgebieten bei uns Schutz finden. Das ist aus meiner Sicht kein Makel, sondern ein Akt der Humanität.

CAROLINE

Das war es, kein Widerspruch. Aber nachhaltiger wäre es gewesen, wenn wir uns frühzeitig und nachdrücklicher für eine gesamteuropäische Lösung eingesetzt hätten. Ich halte es einfach für wenig zielführend, wenn wir bei den Bürgerinnen und Bürgern den Eindruck erwecken, als sei Deutschland die hohe moralische Instanz und der Rest der Welt seien Egoisten. Hier liegen auch Parallelen zur Entwicklung in der Energie- und Klimapolitik.

JANINA

Trotzdem müssen wir jetzt was tun, die Zeit drängt ja, bei uns in Brandenburg trocknen die Böden aus. Es gibt mehr Flutereignisse in der Welt, das Wetter spielt längst verrückt, da ist es mir eigentlich egal, ob das moralisch ist oder nicht. Wir müssen was tun, da muss jeder Einzelne ran.

MARCEL

»Was tun!« kostet aber auch Geld, Janina!

ELMAR (tiefe Stimme, süddeutsch, nicht ganz genau zu lokalisieren, bayerisch oder schwäbisch)

Das finde ich einen ganz wichtigen Punkt! Man kann sich entweder im Verzicht üben oder nachhaltiger konsumieren. Nur leider sind viele nachhaltige Produkte viel zu teuer. Als Familie müssen wir schauen, dass wir über die Runden kommen. Dass Deutschland bei Steuern und Abgaben absoluter Spitzenreiter ist, brauche ich hier in der Runde sicher niemandem zu erklären. Aber wenigstens hier sind wir die Nummer eins.

MARCEL

Grüne Moral ist halt teuer.

SVENJA (leise, aber bestimmt)

Ja, wenn ich da auch was sagen darf.

CAROLINE

Ja, klar, gerne.

SVENJA

Wir haben vier kleine Kinder, wohnen am Stadtrand, schön im Grünen, aber wir müssen das Haus abbezahlen, die Kinder wachsen ständig aus ihren Sachen, wir brauchen immer neue Klamotten. Für eine Prenzlauer-Berg-Mutti ist das sicher einfacher, »Armedangels«-Sachen zu kaufen oder so andere Nachhaltigkeitslabel, von denen heute alle sprechen. Das würde ich auch gerne, aber das können wir uns schlichtweg nicht leisten. So nachhaltig und toll das alles ist, wir müssen zu H&M und Primark, wenn wir etwas für die Kinder brauchen. Mein Mann und ich verdienen zusammen zwar nicht mal so wenig, aber am Ende des Monats bleibt einfach zu wenig übrig. Ich kenne sehr viele, denen es ähnlich geht. Ich sehe total ein, dass wir beim Konsum auf fairen Handel und Nachhaltigkeit achten, aber ich kann doch nicht das Dreifache für ein T-Shirt für unsere Jüngste hinlegen. Das trägt sie vielleicht vier Monate, dann ist sie wieder rausgewachsen.

VOLKER

Trotzdem stehen wir in der Verantwortung, wir können nicht einfach so weiterkonsumieren, als gäbe es den Klimawandel nicht.

LARS

Ja, aber man muss es sich leisten können.

VOLKER

Ehrlich, das ist etwas, was ich nicht mehr hören kann. Die teuren Bioprodukte! Immer dieses Argument, meine Güte, das stimmt doch überhaupt nicht.

LARS

Ach was ...

VOLKER

Ja, vielleicht legt man ein bisschen mehr hin.

MARCEL

Ein bisschen?!?

VOLKER

Ich sage: Bio ist nicht teurer, auf jeden Fall nicht teurer als andere Produkte. Denn was beim günstigeren, konventionell hergestellten Produkt billiger ist, wird der Verbraucher an anderer Stelle wieder draufzahlen müssen. Also Schäden an der Umwelt, Zerstörung der Biodiversität, natürlich auch Gesundheitskosten durch billiges, ungesundes Essen. Das Schweineschnitzel aus dem Discounter ist vielleicht günstiger, aber es macht auch krank. Und ja, Umweltschäden durch die Rodung des Regenwalds oder die Zerstörung von Buschland in Afrika, um riesige Ackerflächen für Zuckerrohr, Palmfett oder Soja zu schaffen, dafür werden wir irgendwann die Rechnung bekommen. Das wird uns alles sehr teuer zu stehen kommen. Dann wird es das geringste Problem sein, dass ein Biohühnchen 15 Euro kostet und das Discounterhuhn vier Euro.

MARCEL

Versuch mal, das Ganze weniger aufgeladen und dramatisch rüberzubringen. Ich meine es ernst.

VOLKER

Wie hättet ihr es denn gerne, noch mit Sahnehäubchen obendrauf? Die harte Wahrheit ist, dass wir dabei sind, dass die ganze Welt dabei ist, Ressourcen unwiederbringlich zu zerstören. Wir haben Ernteausfälle und anhaltende Dürrephasen beispielsweise in afrikanischen Ländern. Wir haben Menschen ihre Lebensgrundlage entzogen, weshalb es zu Migration und Zuwanderung gekommen ist.

MARCEL

Das weiß ich doch alles. Aber irgendwie catcht es mich nicht.

VOLKER

Da verschlägt es mir glatt die Sprache.

CAROLINE

Meine Herren. Volker, du hast inhaltlich mit allem recht. Darüber streitet hier auch niemand. Bloß hat Marcel eben etwas Wichtiges gesagt. Er weiß das alles, aber es berührt ihn nicht so sehr, als dass er sein Handeln komplett ändern kann. Das liegt sicher auch daran, dass der Mensch erst reagiert, wenn das Problem vor seiner Haustür steht. Vorher wird's schwierig. Darüber hinaus hat die Diskussion bis hierher aber noch etwas anderes gezeigt: Vielleicht müssen wir raus aus diesem Bedrohungssound. Gerade im grünen politischen Raum ist es die Regel geworden, Drohkulissen aufzubauen, immer wird nur über Gefahren geredet. Bei Corona war es nicht anders. Ja, die Menschen haben schnell verstanden, dass die Lage ernst ist, wir sind ja nicht blöd. Aber man muss doch nicht jeden Tag sagen, dass es noch furchtbarer, noch härter, noch schlimmer wird.

VOLKER

Was wäre dann der richtige Ton? Es wird viel zu wenig über die Bedrohung gesprochen, nein, anders: Viel zu wenigen Menschen ist die Bedrohung wirklich bewusst, für die ist der Klimawandel nicht real, dabei ist er längst im Gange, und wir nähern uns mit jedem Tag einem Kipppunkt, danach geht dann gar nichts mehr.

CAROLINE

Genau dieser Sound ...

JANINA

Verstehe ich nicht, man muss den Menschen doch klarmachen, dass die Gefahr da ist! Und dass, wenn wir nichts machen, wir dann ein noch viel größeres Problem bekommen. Das darf man doch nicht unter den Tisch fallen lassen. Der Point of no Return ist hoffentlich noch nicht überschritten.

CAROLINE

Wir möchten das Problem nicht kleinreden. Aber wir sollten in der Kommunikation positiver sein. Es liegt in unserer Hand, die Herausforderungen zu meistern. Wir haben großartige Ingenieure, Denker und Erfinder, denen etwas einfällt. Wir können es schaffen, mehr Rahmenbedingungen für Innovationen zu kreieren – anstelle eines permanenten Klimas der Panik im wahrsten Sinne des Wortes. Weil Panik immer ein schlechter Ratgeber ist und den Menschen irrationale und zuweilen überzogene Entscheidungen fällen lässt. Was wir brauchen, ist Zuversicht und Pragmatismus. Keine gebetsmühlenartigen Untergangsszenarien.

JANINA

Alles schön und gut, aber über was sollen wir reden, wenn nicht über die Gefahr des Klimawandels.

CAROLINE

Über Lebensqualität. Darüber sollten wir sprechen. Darüber, dass ein nachhaltiges Leben nicht aus einem Schuldgefühl heraus geführt wird, sondern dass Nachhaltigkeit die Lebensqualität steigert.

TORSTEN

Wie viel angenehmer ist es, öfter auf Fleisch zu verzichten? Wie viel gesünder ist es, mit dem Fahrrad unterwegs zu sein, statt jeden noch so kleinen Weg mit dem Auto zu fahren? Das Positive betonen, wie wertvoll das eigene Leben sein kann, wenn man nicht wahllos konsumiert. Wie gut es einem dabei geht. Wir sind nicht schuld. Wir sind nicht für alles Übel in der Welt verantwortlich. Wir sind bereit, Verantwortung zu übernehmen. Aber nicht, weil wir schuld sind, sondern weil wir uns eine gute Zukunft bauen wollen.

CAROLINE

Tatsächlich leistet Nachhaltigkeit einen wichtigen Beitrag für mehr Lebensqualität, für etwas, das wir das »schöne Leben« nennen können. Die Glücksforschung zeigt, dass sich unser subjektives Wohlbefinden nur bedingt durch materiellen Wohlstand steigern lässt. Vielmehr ist es so, dass, wenn wir im Einklang mit uns selbst sind, wir weniger brauchen und verbrauchen. Ein nachhaltiger Lebens- und Konsumstil fördert unser Glück. Torsten, du darfst hier ausnahmsweise kurz dozieren.

TORSTEN

Der sogenannte »Glücksatlas«, der immer die »glücklichsten« Länder und Regionen ermittelt, hat unlängst ergeben, dass den Deutschen die Ökologie sehr wichtig ist, und sogar zwei Drittel finden es wichtig, im ökologischen oder sozialen Bereich einen persönlichen Beitrag zu leisten. Wer sich engagiert, wer sich für einen nachhaltigen Lebensstil einsetzt, ist zufriedener mit seinem Leben. Eigentlich logisch. Denn der Mensch hat durchaus verstanden, dass es uns besser geht, wenn wir auf andere und unsere Umwelt achten. Wir haben also gute Gründe, den Blick aufs Positive zu richten.

CAROLINE

Das schöne Schlusswort zum Sonntag. Vielen Dank, dass ihr alle mitdiskutiert und zugehört habt.

RADIO FUTURE SENDET AUS DEM JAHR 2030

Heute ist Weltglückstag. Seit 2013 wird der von der UN initiierte Tag jedes Jahr am 20. März gefeiert. Und für Deutschland ist die Feier diesmal ein ganz besonderes Highlight. Laut World Happiness Report 2030 steht das Land erstmals an der Spitze und gilt als das »glücklichste Land der Welt«. Während jahrelang skandinavische Länder und das Königreich Bhutan die Rangliste mit den insgesamt 149 Plätzen dominierten, schaffte es Deutschland meist nur aufgrund seiner Arbeitsplatzsicherheit in das obere Drittel. Doch nun scheint sich eine Art neuer »Modern German Dream« durchzusetzen. Die Menschen leben gerne im Land, viele profitieren vom Wohlstand, das allgemeine Wohlbefinden hat deutlich zugenommen.

Lange galten die Deutschen als »fleißig, aber etwas griesgrämig«, sagt der Kieler Glücksforscher Lukas Schmitt im Interview mit RADIO FUTURE, »sie waren oft unzufrieden und haben sich gerne verglichen.« Jetzt habe sich aber auch in Deutschland herumgesprochen, dass Geld allein nicht glücklich macht. Vielmehr besinne man sich auf das, was man schon alles hat.

Schmitt bezeichnet die Wahl als ein für Deutschland »historisches Ereignis«. Denn es sei sowohl für jeden Einzelnen als auch für eine Gesellschaft als Ganzes wichtig, zu erkennen, was wirklich zählt: Freundschaften und Familie, aber auch Zusammenhalt, Kooperation und Solidarität. „Erinnern Sie sich noch an die Corona-Krise und wie lange sie gedauert hat? Die Menschen konnten sie nur bewältigen, weil irgendwann alle an einem Strang gezogen haben." Und dieses neue »Wir-Denken« sei auch der Grund für das »neue Glücksgefühl» im Land.

FOLGE 7

SIND WIR NOCH SICHER?

Wir sind dabei, wie eine Rede vorbereitet wird, erfahren von einer Polizistin, die wegen einer Bagatelle bedroht wird, und Caroline wirft einen analytischen Blick auf das Sicherheitsempfinden der Bevölkerung und die Arbeit der Sicherheitsbehörden.

Szene läuft →

INNEN

Wir befinden uns in der elterlichen Wohnung. CAROLINE ist zu Gast, es steht eine Familienfeier an. Früher Nachmittag. Von unten hört man klapperndes Geschirr, draußen scheint die Sonne. Bevor die Gäste am Abend kommen, geht CAROLINE mit einem Laptop im Arm durch das Haus der Eltern, sie schaut sich um, schaut, was sich verändert hat, was geblieben ist, sie betrachtet alte Familienbilder, schaut, ob neue Bilder hinzugekommen sind. Sie geht noch in das Büro ihres Vaters, WOLFGANG BOSBACH, langjähriger CDU-Bundestagsabgeordneter, viele Jahre Vorsitzender des Innenausschusses des Deutschen Bundestags und immer noch sehr gefragter Experte in den Medien zu den Themen: Innere Sicherheit und Kriminalität.
Sie hatten vorher bereits über die beiden Themen diskutiert, denn: CAROLINE soll zur Sicherheitslage eine Rede halten. Dazu setzt sie sich an den Schreibtisch des Vaters und klappt ihren Laptop auf.
Das Zimmer ist sehr aufgeräumt, im Regal stehen Bücher und Ordner, an der Wand das große Bild von ihm. CAROLINE vertieft sich in ihre Recherche, liest Statistiken, Zahlen, Daten, Fakten – und dann beginnt sie zu schreiben.

*CAROLINE (**Redeentwurf**)*

Neulich hat mir ein Bekannter die Geschichte
einer jungen Polizistin erzählt
und was sie bei einem Einsatz erlebt hat.
Die junge Beamtin
sei mit ihrem Kollegen im Streifenwagen unterwegs gewesen.
Eigentlich ein ganz normaler Einsatz.

Und dann sehen die beiden,
wie in einer belebten, verkehrsreichen Straße
jemand in der zweiten Reihe parkt.
Das ist ein klarer Verstoß.
Es passiert da oft, aber es war Nachmittag, es war Berufsverkehr,
der Wagen hat wirklich den Verkehr aufgehalten,

und es war kein Lieferwagen oder sonst irgendein
Einsatzwagen.
Kein Fahrzeug, das irgendeine Berechtigung hatte.

Sie halten also an, die junge Polizistin geht zu dem Wagen,
schaut nach einem Fahrer.
Da ist aber niemand.
Sie möchte gerade einen Bußgeldbescheid verhängen,
da kommt plötzlich, wie aus dem Nichts,
eine ganze Gruppe junger Männer.

Sie sind auf einmal da, sie schauen die Polizisten an, gehen
auf sie zu.
Darunter wohl auch der Fahrer, aber das spielt keine Rolle mehr.
Es kommt zu einer konkreten Bedrohungslage.
Der Kollege der Polizistin ruft bei der Einsatzzentrale nach
Verstärkung.
Zum Glück sind sofort weitere Einsatzwagen da.

Doch die Gruppe junger Männer weicht nicht von der Stelle.
Es kommt zu tumultartigen Szenen und dauert eine ganze Weile,
bis das aufgelöst wird.

Eine ganz schräge Situation.
Wegen ein bisschen Falschparkens gibt es
einen Polizeieinsatz,
einen Riesentumult.

Und leider war es das dann noch nicht.

Abends nach Dienstschluss, so erzählte es mein Bekannter,
habe es in der Privatwohnung der Beamtin geklingelt.
Es war schon spät.
Vor der Tür stehen zwei Männer.

Und sie erkennt die beiden sofort.
Sie waren auch am Nachmittag dabei, bei der Strafzettelsache.
Und als sie die Männer fragend anschaut, sagt einer der beiden:
»Wir wollen Ihnen nur einen schönen Abend wünschen ...«
»Nur einen schönen Abend wünschen« – fast wie in einem schlechten Film.

Sicher: Das ist strafrechtlich irrelevant, aber die Botschaft war klar,
und sie war bedrohlich:
»Wir kennen dich!«
»Wir wissen, wo du wohnst!«
»Das machst du nicht noch einmal!«

Natürlich möchte man da was machen.
Da muss es doch irgendeine Handhabe geben.
Aber es ist eben nicht strafbar.
Die Männer an der Tür
haben nicht mit einem schweren Verbrechen gedroht.
Aber: Sie haben eine deutliche Botschaft hinterlassen!
Sie wussten offenbar sehr genau,
was eine strafrechtlich relevante Bedrohung ist und was nicht.
Und das ist kein Einzelfall.

Das ist keine schwere Kriminalität, klar,
aber Fälle wie der der jungen Beamtin häufen sich.
Alles kann heute schnell hochkochen.
Das kann schon bei einer nächtlichen Ruhestörung sein.

Nehmen Sie eine Party, die ein bisschen laut wird.
Früher sind die Polizisten hingefahren, haben geklingelt und gesagt:
»Guten Abend, es ist nach 24 Uhr, die Nachbarn haben sich beschwert,

können Sie bitte etwas leiser machen?«
Und dann haben die meisten gesagt:
»Ja, klar, sorry, machen wir.«
Und dann haben sie auch leiser gedreht.

Aber heute:
Gleiche Situation, kaum haben die Beamten geklingelt,
haben sie sofort 30 Leute um sich herum,
die debattieren und die Beamten bedrängen.
Nicht selten kommt es zu Gerangel, zu Geschubse.
Das führt dazu, dass die Polizei in vielen Städten
inzwischen selbst zu Minieinsätzen, zu Lappalien
mindestens zwei Streifenwagen schickt.

Und das ist eine Entwicklung, die wir leider schon seit
längerer Zeit
mit wachsender Sorge beobachten.

Es gibt ja nicht bloß immer mehr verbale Attacken,
es gibt auch vermehrt tätliche Angriffe auf Einsatzkräfte der
Polizei.
Der Respekt vor ihrer Arbeit und ihren Aufgaben nimmt leider
ab.
Mittlerweile betrifft es die gesamte »Blaulichtfamilie«,
auch die Feuerwehr und andere Rettungskräfte.

Die Frage, die wir uns als Bürgerinnen und Bürger dieses
Landes stellen müssen,
ist daher aus meiner Sicht:

Dürfen wir es erlauben, dass die Leute den Einsatzkräften
auf der Nase herumtanzen?

Denn:
Wir erleben hier eine neue Haltung, übrigens in vielen Gesellschaftsschichten.
Immer nach dem Motto:
»Ich lass mir überhaupt nichts mehr sagen.«
Diese Haltung ist total verbreitet:
»Ich lass mir überhaupt nichts mehr sagen,
nicht von der Polizei, von Verwaltungen aller Art.«
Das betrifft auch die Kommunalverwaltungen.
Oder die Jobcenter, die mittlerweile besondere Schutzvorrichtungen treffen müssen,
weil auch dort jederzeit etwas passieren kann.

Warum auch immer: Aber viele Menschen fühlen sich heute
zu Unrecht angegriffen
oder schikaniert.
Sie beklagen,
dass sich der Staat zu viel anmaßt,
dass er übergriffig wird.
Und dann kommt die Gegenreaktion:
»Wir lassen uns das nicht mehr bieten!«
Die einen schimpfen nur. Andere wenden Gewalt an.

Der Respekt gegenüber staatlichen Institutionen geht zunehmend verloren.
Es ist ja immer ein Angriff auf die Institution.
Es ist nicht ein Angriff auf diejenigen, die die Uniform tragen.
Immer geht es gegen den Staat.
Da kann es sein,
dass mal ein paar Kollegen die Nerven verlieren,
was nicht zu entschuldigen ist.
Aber es sind Einzelfälle, absolute Einzelfälle,
die von den Medien gerne einseitig hochgekocht werden.

Denn Fakt ist: Unsere Polizei, zumindest ist das meine
Beobachtung,
unsere Polizei agiert ganz anders als in vielen anderen Ländern.
Und das hat Folgen.
In den letzten Jahren sind viele Menschen aus totalitären
oder autoritär geführten Staaten zu uns gekommen.
In ihren Heimatländern haben sie die Polizei ganz anders
erlebt als hier in Deutschland. Regelmäßig sehen wir aus
diesen Ländern Bilder von Polizeigewalt,
beispielsweise beim Vorgehen gegen friedliche Demonstranten.
Da wird nicht lange gefackelt.
Wer das erlebt hat, erlebt hier,
dass unsere Polizei ganz anders unterwegs ist.
Was viele als Schwäche empfinden, die dann ausgenutzt wird.

Verstehen Sie mich bitte nicht falsch:
Nichts spricht gegen Deeskalation –
sie darf aber nicht mit Kapitulation verwechselt werden.
Ich kann mich noch gut an einen Ratschlag in einem arabischen
Land erinnern.
Als wir damals auf einer Reise dort waren,
wollten wir den Mietwagen abholen.
Und der Mitarbeiter der Verleihfirma hatte mir bei der Schlüssel-
übergabe gesagt:
»No discussion with police!«
Und damit war alles klar.
Denn gemeint war: Alle Regeln strikt befolgen.
Was die Polizei sagt, ist Gesetz.
Wir müssen uns nicht mit solchen restriktiven Ländern
vergleichen.
Und wir haben gute Gründe, dass unsere Polizei nicht so auftritt,
aber der Nebeneffekt ist eben,
dass es Menschen gibt, die den Institutionen auf der Nase
herumtanzen.

Mit Ausnahme einer Institution.
Aus Sicherheitskreisen ist zu hören,
dass es selbst im Clanmilieu eine deutsche Institution gibt,
vor der sich alle fürchten:
das Finanzamt.

Wenn bei einer Razzia Objekte untersucht werden,
die dem Clanmilieu zuzurechnen sind,
dann sind in der Regel wichtige Organe dabei:
Polizei, Ordnungsamt, Gewerbeaufsicht, auch das
Gesundheitsamt.
Mit all diesen Institutionen scheinen sich
Clans arrangieren zu können,
da sind sie gut drauf und freundlich.
Und dann sagt einer von den Behördenvertretern:
»Und ich bin vom Finanzamt.«

Dann bricht Panik aus, jeder greift zum Handy,
sagt, er müsse mit dem Chef telefonieren, und so weiter.
Das Finanzamt scheint die letzte Autorität zu sein,
die Eindruck schindet.

Und weil offenbar andere Institutionen
nicht mehr im selben Maße als Autorität wahrgenommen werden,
ist es entscheidend, dass wir diese Entwicklung
sehr genau im Blick haben.

Denn selbst dann,
wenn Bürgerinnen und Bürger nicht selbst Opfer der
sogenannten Clankriminalität sind,
betrifft sie dieses Phänomen.
Denn sie befürchten, dass der Staat die Kontrolle verliert.
Dass Recht und Gesetz – jedenfalls partiell –
nicht überall durchgesetzt werden können.

Wenn die Polizei angegriffen wird,
auch wenn Schätze aus Museen gestohlen werden
wie im Grünen Gewölbe in Dresden,
dann betrifft das die Bürgerinnen und Bürger durchaus.

Der Staat geht seit einigen Jahren ziemlich konsequent vor
gegen die Clankriminalität.
Besonders deutlich sichtbar in Nordrhein-Westfalen,
aber auch in Berlin.

Richtig so!
Heute heißt es schneller: Schluss. Aus. Ende.
Wer gegen Recht und Gesetz verstößt,
wer systematisch kriminelle Strukturen aufbaut,
der fordert den Rechtsstaat heraus.
Und deshalb muss der Rechtsstaat konsequent reagieren.

Die Frage, die über allem steht, ist dabei immer:

Sind wir noch sicher?

Ich sage:
Tatsächlich leben wir hier nicht in den unsichersten
Zeiten.
Das belegen alle Zahlen der Kriminalitätsentwicklung.
Seit 1994 gibt es in Deutschland eine gemeinsame
polizeiliche Statistik,
also West und Ost zusammen.
Und daran kann man ablesen,
dass bis etwa 2000 die Zahlen deutlich gestiegen sind.
Aber nun haben wir seit mehr als 20 Jahren eine stabile Lage,
was die Kriminalitätsrate angeht.
In vielen Deliktsbereichen sind die Zahlen sogar rückläufig.

Sicher: Jede Straftat ist eine zu viel,
und wir zählen aktuell deutlich über fünf Millionen
pro Jahr.
Und das ist nur das sogenannte Hellfeld.
Dennoch gehört Deutschland zu den sichersten Ländern
der Welt.

Natürlich muss man diese Zahlen aufmerksam studieren.
So sind die Zahlen der straffälligen Kinder und Jugendlichen
beispielsweise zurückgegangen.
Was aber auch damit zusammenhängt,
dass wir seit mehreren Jahrzehnten schlichtweg weniger
Kinder haben.

Auf der anderen Seite gibt es durchaus Grund zu Zuversicht:
In der Corona-Zeit ist die Zahl der Wohnungseinbrüche
deutlich zurückgegangen.
2020 hat die Polizei rund 12 000 Wohnungseinbrüche
weniger gezählt.
Das sind 14 Prozent weniger als im Jahr zuvor.
Die Menschen waren viel mehr zu Hause,
es gab für Einbrecher viel weniger Gelegenheiten.
Und das Gute daran:
Die Zahlen gehen bereits seit vier Jahren zurück, Corona hin,
Corona her.

Wenn wir auf andere Delikte schauen, müssen wir
außerdem berücksichtigen,
dass in vielen Fällen aus einem Dunkelfeld ein Hellfeld
gemacht wurde.
Sprich:
Durch eine Zunahme an Kontrollen werden auch mehr
Straftaten entdeckt.

Was sich ganz leicht am Beispiel der Kontrollen im öffentlichen Nahverkehr erklären lässt: Wenn du die Kontrollen abschaffst, hast du keine Schwarzfahrer mehr.

Aber, und das ist für mich das Entscheidende:
Obwohl der Kontrolldruck zugenommen hat,
haben wir immer noch keine steigenden Kriminalitätszahlen.

Das soll nicht die Angst schmälern, die Menschen vor Verbrechen haben.
Denn die Menschen haben Angst, Opfer eines Gewaltdeliktes zu werden,
ganz gleich, ob im privaten oder im öffentlichen Raum.
Vermögensschäden sind immer bitter.

Aber körperliche Gewalt erleiden zu müssen ist eine Urangst.
Schlimm können die psychischen Folgen einer Tat sein,
beispielsweise nach Überfall und Einbruch.
Das wird oft unterschätzt.

Der Wohnungseinbruch,
der Diebstahl in den eigenen vier Wänden,
bedeutet für viele einen tiefen Einschnitt.
Vor allem, weil das auch eine Kombination aus dem entstandenen Schaden
und den psychischen Folgen ist.
Oft sind gerade die psychischen Folgen für die Betroffenen langfristig schlimmer als der materielle Verlust.

Ein Wohnungseinbruch ist ein Einbruch in die Privatsphäre.
Wenn Schmuck und Geld fehlen, ist das schon schlimm genug.
Aber die Leute schrecken auch später noch in der Nacht hoch,

wenn sie irgendein Geräusch hören.
Viele geben dann Haus oder Wohnung auf,
weil sie noch Monate später Angst davor haben,
den Schlüssel herumzudrehen.

Aber noch einmal:
Das Risiko, in Deutschland Opfer einer Straftat zu werden,
ist wesentlich geringer als in vielen anderen Ländern.
2020 gab es in Deutschland rund eine halbe Million Opfer
von Gewaltdelikten,
von der einfachen Körperverletzung über Raub bis zu Mord
und Totschlag.

Sicher: Jedes Opfer ist ein Opfer zu viel.
Dennoch ist hierzulande das Risiko, Opfer einer Straftat zu werden,
wesentlich geringer als in anderen Ländern.

Aber machen wir doch mal einen Test.

(Notiz: Blick ins Publikum)

Was glauben Sie, wie viele Menschen sitzen in Deutschland
wegen
einer Straftat im Gefängnis?
Was glauben Sie, wie viele Gefangene haben wir?

(Notiz: Antworten abwarten)

Nicht schlecht, tatsächlich sind es 55 000 bis 60 000.
Und jetzt schätzen Sie mal,
wie viele in den USA im Gefängnis einsitzen,
also bei rund 330 Millionen Einwohnern,
also bei viermal mehr Einwohnern als bei uns?

(Notiz: Antworten abwarten)

Es sind gut zwei Millionen Gefangene in den USA.
Das heißt:
Die Einwohnerzahl ist viermal höher als in Deutschland.
Aber die Gefangenenzahl ist 30-mal höher als bei uns!

Was ich damit sagen will:
Selbst wenn du ein Land bist wie die USA,
mit sehr harten Strafen und vielen Inhaftierten,
ist das Risiko, Opfer einer Straftat zu werden,
immer noch wesentlich höher als in Deutschland.
Härte allein hilft nicht.

Wir leben in Deutschland objektiv sicherer.
Hinzu kommt, dass wir eine höhere Aufklärungsquote haben.
Im Schnitt wird jedes zweite Verbrechen aufgeklärt.
Das ist zwar von Bundesland zu Bundesland etwas verschieden.
Bei schweren Straftaten wie Mord haben wir sogar bundesweit eine Aufklärungsquote von 94 Prozent, weil es bei Tötungsdelikten meistens um Beziehungsdelikte geht.
Deshalb kommt die Polizei dem Täter schnell auf die Spur.

Lassen Sie es mich so sagen:
Der Eindruck, wir seien dauernd mit Kriminalität konfrontiert,
liegt auch daran,
dass heute rund um die Uhr
Kriminalfilme im Fernsehen und in den Streamingdiensten gesendet werden.

Und das liegt auch daran,
wie ausufernd in den Medien über spektakuläre Verbrechen berichtet wird.

Und dann ist es auch so, dass das, was früher im Dorf passierte,
also lokale Verbrechen,
heute über das Internet weltweit verfügbar ist.
Aus jedem noch so entfernten Ort
wird uns eine Gewalttat berichtet.
Und da verfestigt sich der Eindruck:
Egal, wo ich hingehe, der Mörder war schon da.

Mit anderen Worten:
Obwohl es früher faktisch unsicherer war,
haben sich die Menschen früher sicherer gefühlt.

Das ist eigentlich paradox.

Man muss nur schauen, dass wir in der Bundesrepublik
schon Jahre
mit 20000 Verkehrstoten hatten, in den 1960ern und 1970ern –
bei halb so viel Verkehr im Vergleich zu heute.
Autos sind in der Tat viel sicherer geworden
mit Gurten und Airbags, hier passiert im Verhältnis gesehen
viel weniger als früher.
Und das gilt auch für die meisten Straftaten.

Obwohl es weniger sind, fühlen sich Menschen unsicher.
Die Menschen bauen immer mehr
Alarmanlagen ein,
Videokameras,
und auch die Polizei verzeichnet eine
deutlich gestiegene Nachfrage nach Sicherheitsberatung.

Und nicht zuletzt haben die Menschen auch zunehmend
Angst um ihre Daten.
Das Vertrauen in IT-Sicherheit ist nicht immer gegeben.
Viele fühlen sich im Internet ausgespäht und beobachtet.

Nach einer Umfrage des TÜV glauben 66 Prozent der Bundesbürger,
dass ein sehr hohes Risiko besteht,
dass ihre mit dem Internet verbundenen Fernseher,
Alarmanlagen oder auch Staubsaugerroboter
Ziel eines Hackerangriffs werden können.
Dass ihre persönlichen Daten missbraucht werden.

Was mir aber wichtig ist:
Das Vertrauen in die Polizei hat in der Breite nicht nachgelassen.
Das Vertrauen in die Polizei liegt stabil bei rund 80 bis 85 Prozent.
Die Polizei hat nach wie vor ein sehr gutes Ansehen
in weiten Teilen der Bevölkerung.
Selbst wenn es mal Kritik gibt, können Sie beobachten,
dass sich der überwiegende Teil der Menschen
sofort auf die Seite der Polizei schlägt.

(Notiz: Vielleicht doch einen anderen Schluss?)

<u>**INNEN**</u>

Büro von Wolfgang Bosbach. CAROLINE sitzt neben dem Schreibtisch, hat nun die letzte Seite der unfertigen Rede gelesen. TORSTEN kommt herein, er sieht, was sie macht, die beiden unterhalten sich, auch im Hinblick auf die anstehende Bundestagswahl.

TORSTEN

Nur noch eine Frage: Innere Sicherheit, worin unterscheidet sich da die Union von der Einstellung der Grünen? Früher hätte man gesagt, die Grünen und die Polizei, das passt nicht zusammen, aber heute?

CAROLINE

Die Unterschiede liegen sowohl im Detail als auch im Grundsätzlichen. Die Grünen begegnen der Polizei auch heute noch eher mit Misstrauen, die Union aber mit Vertrauen. Das ist ein großer Unterschied.

Mein Vater hat erzählt, dass es im Innenausschuss des Bundestags, auch bei der politischen Konkurrenz in diesem Bereich, großen Sachverstand gibt. Beispiel Irene Mihalic von den Grünen. Von Hause aus Polizistin. Man hätte, so mein Vater, das Gefühl: »Egal welche Partei, wenn Polizisten in die Politik gehen, bleiben Sie im Kern Polizistinnen und Polizisten.«

TORSTEN

Aber wenn es Unterschiede zu den Grünen gibt, wie äußern sich diese Unterschiede? Du hast doch sicher schon viel Konkretes erlebt?

CAROLINE

Auseinandersetzungen zum Thema Videoüberwachung im öffentlichen Raum zum Beispiel, die früher sehr, sehr leidenschaftlich geführt wurden, haben sich inzwischen komplett beruhigt. In meiner Wahrnehmung haben auch die Grünen erkannt, dass man mit den Kameras an öffentlichen Plätzen tatsächlich für mehr Sicherheit sorgen oder Straftaten aufklären und den Täter identifizieren kann. Rückblickend schwer verständlich, wie heftig darüber gestritten wurde. Mein Vater hat mir auch vom Streit um die sogenannten »Bodyscanner« am Flughafen berichtet. Was es hier für Diskussionen gegeben hat. Die Grünen hätten lang und breit erklärt, wie verwerflich es sei, dass man Flugpassagiere beim Sicherheitscheck »durchleuchtet«. Aber die Flugpassagiere haben die neuen Scanner wohlwollend aufgenommen, weil man nun nicht mehr abgetastet wurde. Er habe nie begriffen, so mein Vater, was die Grünen so toll daran fanden, abgetastet zu werden.

RAD IO FU TURE
SEN DET AUS DEM JAHR 20 30

Dezember 2030, Neubrandenburg. Weil die Zahl der rückfälligen Straftäter auch Anfang der 2020er noch immer sehr hoch war, bis zu 48 Prozent der verurteilten Straftäter wurden im Schnitt nach neun Jahren rückfällig, beschloss die Bundesregierung in Abstimmung mit den Ländern, neue Wege beim Strafvollzug zu gehen. Zumal die Resozialisierung - also die Wiedereingliederung in die Gesellschaft - als zentrales Ziel des Strafvollzugs gilt. So wurde in den vergangenen Jahren, nach dem Vorbild des norwegischen Gefängnisses Halden bei Oslo, ein neuer Gefängniskomplex in Neubrandenburg errichtet. Nach mehreren Jahren Planung und Bauzeit konnte das Gefängnis nun eröffnet werden. Wie beim norwegischen Vorbild, das bis dato als humanstes Gefängnis der Welt galt, gleicht die Strafanstalt in Neubrandenburg einer Art ummauertem Dorf, in dem sich die rund 300 Gefangenen frei bewegen können. Sie wohnen in Blockhütten mit nicht vergitterten Fenstern und verfügen über vielfältige Freizeitmöglichkeiten. Es hat fast ein wenig Hotelcharakter, etwa bei der Lounge mit Panoramafenster. Keine Mauer umgibt die Anlage, sondern ein Doppelzaun gewährt den Insassen auch Ausblicke. Um die Flure im Gebäude konzentrieren sich Wohngruppen mit je 18 Einzelhafträumen von je zehn Quadratmetern inklusive abgetrenntem WC, es gibt einen Aufenthaltsraum mit Küche. Ziel ist es, dass diese Umgebung dem normalen Leben zumindest ähneln soll. In Norwegen konnte durch diese neu gestaltete Umgebung die Rückfallquote um mehr als 20 Prozent gesenkt werden. Die freundliche Atmosphäre macht Zuwendung spürbar und erleichtert die Wiedereingliederung. Nach dem Beispiel Neubrandenburgs sollen nun weitere neu gestaltete Gefängniskomplexe im restlichen Bundesgebiet folgen.

FOLGE 8

WARUM RETTEN WIR NICHT ERST MAL DIE ARMEN HIER IM LAND, BEVOR WIR DAS IN ANDEREN LÄNDERN TUN?

Ist die Rente sicher oder nicht? Warum bekommen Flüchtlinge so viel mehr? Und stimmt das überhaupt? Caroline stellt sich kritischen Fragen von Betroffenen und wird mit Sorgen konfrontiert.

Szene läuft →

INNEN

Samstagnachmittag in einem Landfrauenverband eines deutschen Bundeslands. CAROLINE ist zu einem Treffen der Landfrauen geladen. Der Nachmittag steht unter dem Motto: »Politik im Gespräch«. Die Veranstaltung findet im Bürgersaal einer deutschen Kommune statt. Nach CAROLINES kurzem Impulsvortrag über das Thema »Was ist der Staat seinen Bürgern schuldig?« hat nun eine offene Fragerunde begonnen. Auf dem Podium sitzt neben CAROLINE auch die Vorsitzende des Landfrauenverbands, die das Gespräch mit dem Publikum moderiert. Sie ruft eine ÄLTERE FRAU, die sich gemeldet hat.

ÄLTERE FRAU 1

Vielen Dank erst mal für Ihre Worte, dass Sie, Frau Bosbach, auch als junge Frau viele Dinge sehr direkt ansprechen, in einer klaren Sprache. *(Kleine Pause, einige beginnen zu applaudieren)* Nun zu meiner Frage, weil Sie sich ja starkmachen für Nachhaltigkeit. Wir haben, und das hat die Corona-Krise ja auch gezeigt, also wir haben viele Menschen in diesem Land, die an der Armutsgrenze leben, wir haben hier viele Probleme. Und vielen fehlt es am Verständnis, dass sich unsere Politik vor allem um die Probleme in anderen Ländern kümmert. Das mit dem Klimawandel zum Beispiel, das ist vielleicht ein Problem, aber wenn hier das Geld nicht reicht, dann kann sich doch die Politik nicht dauernd mit etwas beschäftigen, was so weit weg ist.

CAROLINE

Vielen Dank für Ihre Frage, ich freue mich, dass ich heute hier sein darf. Ich verstehe Ihren Eindruck. Doch wir müssen auch sehen, was womit zusammenhängt. Wenn im Amazonasgebiet Wälder brennen, hat das unmittelbare Auswirkungen auf das Klima und somit auch auf uns. In unmittelbarer Nähe zu meiner Heimat, im Westerwald, kann man das Waldsterben begutachten. Unzählige kranke und gefällte Bäume prägen das Bild und gefährden auch unsere Wälder. Gehen Sie in den Wald! Sprechen Sie mit den Förstern und lassen Sie sich das Ausmaß zeigen. Die Auswirkungen des Klimawandels sind längst in Deutschland angekommen – und wir müssen handeln. Allerdings, und da gebe ich Ihnen recht, dürfen wir hierüber nicht vergessen, dass unser Land und die Menschen auch noch andere Probleme haben. Altersarmut gehört definitiv dazu. Viele ältere Menschen haben Schwierigkeiten, einen würdigen Lebensstandard zu halten. Es ärgert mich auch, wenn sich oftmals Jüngere als diejenigen inszenieren, die die Welt retten wollen, und dabei meist diejenigen sind, die keine existenziellen Probleme haben. Die meist gut abgesichert von ihren Eltern sind und auch noch kaum Verantwortung tragen. Es ist nicht richtig, dass sie versuchen, hier in der Debatte den Ton vorzugeben. Aber ich bin mir auch sicher, dass sich unsere Generation dem Thema Klimawandel nicht verschließen kann, da wir die Folgen ausbaden müssen. Vor allem auch in finanzieller und sozialer Hinsicht.

Die MODERATORIN ruft eine weitere ÄLTERE FRAU auf, zierlich, in einem geblümten Kleid.

ÄLTERE FRAU 2

Mir ist was anderes wichtig. Warum bekommen die Menschen, die hierherkommen – die ganzen Asylbewerber –, so viel mehr als ein Rentner, der hier jahrelang in Deutschland geschuftet und ohne Ende in unsere sozialen Sicherungssysteme eingezahlt hat?

CAROLINE

Ja, es mag sein, dass es diesen Eindruck gibt, und den Vorwurf höre ich nicht zum ersten Mal. Aber er ist nicht richtig! Richtig ist, dass in der Vergangenheit die Asylbewerberleistungen deutlich niedriger waren als die Sozialhilfe und später Hartz IV, bis das Bundesverfassungsgericht dies korrigiert hat. Jetzt gibt es keine nennenswerten Unterschiede mehr zwischen diesen verschiedenen Leistungsarten, aber immer noch bekommen Asylbewerber oder Flüchtlinge im Anerkennungsverfahren keine höheren Leistungen. Aber diese Frage haben wir im Übrigen schon oft beantwortet, sie ist ein Klassiker. Im Moment natürlich weniger. Aber 2015 und 2016, da ging es ständig um Asylbewerber und Flüchtlinge und dass die vermeintlich mehr bekommen. Dieser Eindruck entsteht vielleicht, wenn eine geflüchtete Familie mit vier, fünf Kindern nach Deutschland kommt und hier Wohn- und Nebenkosten finanziert bekommt plus Sozialleistungen. Angesichts des Betrags kann sich ein Arbeitnehmer mit der gleichen Kinderanzahl eventuell tatsächlich fragen: »Wieso gehe ich überhaupt arbeiten?« Obwohl das natürlich die absolut falsche Frage ist! Grundsätzlich richten sich die Leistungen für Asylbewerber nach dem Asylbewerberleistungsgesetz und man muss schon sehr genau hinschauen, um mögliche Ungerechtigkeiten im System zu erkennen ...

ÄLTERE FRAU 2

... mein Punkt ist eher, ich habe mein Leben lang hart gearbeitet, in einer kleinen Spedition. Aber meine Rente ist so klein, dass es gerade so zum Überleben reicht. Nennt man das Wertschätzung, sieht so Wertschätzung aus? Ich halte das für sehr ungerecht!

CAROLINE

Ich bin sicher, die meisten hier im Raum haben Respekt vor Ihnen und Ihrer Lebensleistung. Und ich kann mir vorstellen, wie schwierig Ihre Situation ist. Aber zunächst einmal: Die Rente ist keine Sozialleistung. Sie ist abhängig von der Dauer der Beitragszahlung und der Höhe der Beiträge. Da gibt es eigentlich kein Gerechtigkeitsproblem, auch wenn das natürlich hart klingt und ich Ihre Sicht nachvollziehen kann. Ein Gerechtigkeitsproblem hätten wir aber eher dann, wenn wir die Rentenhöhe von der Beitragshöhe und der Zahlungsdauer abkoppeln würden. Wie gesagt: Die Rente ist keine Sozialleistung, die immer in gleicher Höhe gezahlt wird, unabhängig von der eigenen Beitragsleistung. Anders ist es beispielsweise bei der gesetzlichen Krankenversicherung. Dort sind die Leistungen für die Versicherten gleich –

egal ob der Patient 300 Euro Beitrag im Monat einbezahlt oder mehr als 800 Euro.

ÄLTERE FRAU 2

Das ändert ja nichts daran, dass ich mich ungerecht behandelt fühle.

MODERATORIN

Ist denn der Einwand der Fragerin nicht berechtigt? Sollte die Rente nicht dafür sorgen, dass Menschen nach einem langen Erwerbsleben ein ruhiges und finanziell abgesichertes Leben führen?

CAROLINE

Das ist ja auch Teil der Wahrheit. Wir sehen schon länger, dass Menschen, die lange, aber niedrige Beiträge eingezahlt haben, am Ende eben nicht mehr Rente haben, als wenn sie Hartz IV beziehen würden. Und die Frage ist nachvollziehbar: Warum habe ich 30 Jahre gearbeitet und Beiträge bezahlt, wenn mein Nachbar, ohne nennenswerte Beiträge in das Rentensystem eingezahlt zu haben, am Ende durch den Steuerzahler genau so viel Geld bekommt?

Bei meinem Vater kamen früher in die Bürgersprechstunde häufig Bezieher sehr kleiner Renten, oftmals Frauen. Sie kämen damit nie und nimmer »über die Runden«, hatten sie ihm gesagt und ihn gefragt, was man da tun könne. Er hatte dann erklärt, dass es die Möglichkeit gäbe aufzustocken. Doch als er ihnen die Voraussetzungen und Antragswege beschrieb, die fast alle zum Sozialamt führten, haben 90 Prozent der Fragerinnen gesagt: »Sozialhilfe? Ich war nie ein Fall für das Sozialamt und möchte im Alter auch keiner werden! Danke für Ihre Mühe.« Das war es dann - und so ist es heute noch immer. Der Sozialverband VdK schätzt, dass bundesweit mehr als 50 Prozent der Berechtigten auf diese Zusatzleistungen verzichten, obwohl sie einen Anspruch hätten. Dieser Anspruch hängt auch damit zusammen, dass die Erwerbstätigenquote bei Frauen wesentlich niedriger war, gerade in den 1960er-, 1970er-Jahren in Westdeutschland. Entweder waren sie nur geringfügig erwerbstätig und haben dadurch eine kleine

Rente. Oder sie haben eine Witwenrente. Und es macht gerade in der Rente einen großen Unterschied, ob nur einer erwerbstätig war oder beide. Meine Großmutter zum Beispiel hat mit 19 geheiratet, dann kamen die Kinder, und sie hat noch stundenweise als Verkäuferin gearbeitet. Die Folge ist ein nur relativ geringer eigener Anspruch auf Rente. Doch das wird sich in Zukunft ändern. Lag die Erwerbstätigenquote bei verheirateten Frauen in den 1960ern noch bei rund 30 Prozent, verzeichnen wir heute eine Quote von 76 Prozent.

MODERATORIN

Wenn Sie von Ihrem Vater sprechen, der ja schon sehr lange in der Politik ist, was glauben Sie als junger Mensch? Haben sich Rentner schon früher so unsicher gefühlt wie heute? Oder ist das ein neues Phänomen?

CAROLINE

So wie ich das beurteilen kann, war die Debattenlage vor 20 oder 30 Jahren eine andere. Mein Vater sagt immer: Der legendäre Satz von Norbert Blüm »Die Rente ist sicher!« war ebenso richtig wie falsch. Denn gemeint hatte Blüm: »Machen Sie sich um Ihre Rente keine Sorgen, die Rente wird pünktlich ausgezahlt!« Verstanden hatten viele diesen Satz aber ganz anders, nämlich im Sinne von: »An der Rente wird sich nichts ändern, das Rentenniveau wird immer stabil bleiben!« Und da liegt wohl der Irrtum, der sich bis heute hält. Natürlich werden nach wie vor die Renten pünktlich ausgezahlt, aber ...

ÄLTERE FRAU 3 (ruft dazwischen)

Ja, aber wir bekommen doch jetzt viel weniger!

CAROLINE

Richtig ist, dass das Rentenniveau in den letzten Jahrzehnten deutlich abgesenkt worden ist. In der Vergangenheit haben die Menschen die Rente als Sicherung des erworbenen Lebensstandards betrachtet. Man konnte davon ausgehen, dass man keine großen Einschnitte hinnehmen muss, dass die Rente ausreicht, um gut über die Runden zu kommen. Heute haben immer mehr ältere Menschen den Eindruck: Ja, das Geld ist da, aber der Monat ist zu lang. Sie stellen nun fest, dass sie ihren Lebensstandard im Vergleich zu ihrer beruflich aktiven Zeit deutlich absenken müssen. Sicher, viele, aber bei weitem nicht alle haben noch eine Betriebsrente oder zusätzliche Einnahmen.

MODERATORIN

Müsste man einfach nur das System verbessern? Wäre das nicht das Einfachste?

CAROLINE

Deutschland hat, was die Rente angeht, in den letzten Jahren eine ganze Fülle an Verbesserungen vorgenommen. Es ist ja so: Die Rente wird zu zwei Dritteln aus Beiträgen bezahlt. Den Rest übernimmt der Steuerzahler. Dieser finanziert in der Regel die sogenannten »versicherungsfremden Leistungen«, die nicht in direkter Beziehung zur Beitragszahlung stehen, zum Beispiel die Witwenrente. Hinzu kommen Leistungsverbesserungen, die aus dem Bundeshaushalt finanziert werden, denn der höchste Posten im Bundeshaushalt ist der Steuerzuschuss bei der Rente. Der liegt im Moment bei rund 100 Milliarden Euro. Das heißt, die gesetzliche Rente wird heute von drei Seiten finanziert, ein Drittel Arbeitgeber, ein Drittel Arbeitnehmer, ein Drittel Steuerzahler.

MODERATORIN

Was wäre, wenn wir jetzt komplett neu an den Start gehen würden, so wie Bismarck im Jahr 1875? Wenn wir uns jetzt vornehmen, eine neue Rentenversicherung zu machen, wäre es dann denkbar, dass wir es so handhaben wie die Schweiz, wo alle, die pflichtversichert sind, das Gleiche bekommen?

CAROLINE

Ich glaube, dass in einem Neustart große Herausforderungen liegen. Das haben wir ja schon bei dem Kampf mit der Bürgerversicherung gesehen.

Eine FRAU, etwa 50 Jahre alt, hat sich gemeldet und wird drangenommen.

FRAU

Für mich sieht das so aus: Ich arbeite schon mein Leben lang, ich bin alleinerziehend und muss auch noch meine beiden Söhne unterstützen, das ist ein hartes Leben. Ich will arbeiten! Aber wenn ich zu Hause bleibe, die Füße hochlege und Hartz IV beziehe, würde ich doch fast genauso viel bekommen wie jetzt. An meine Rente will ich gar nicht denken, wenn dann die Hartz-IV-Leute noch besser gestellt sind als ich ... Wie soll ich mich für das Alter absichern? Ich weiß doch schon jetzt nicht, wie ich über die Runden kommen soll. Und wenn ich sehe, was mir vom Gehalt für die Rente abgezogen wird, das ist schon ein dicker Batzen.

MODERATORIN

Wird das nicht eine Herausforderung, wenn die sogenannten Babyboomer ins Rentenalter kommen? Wie kann das Rentensystem noch funktionieren, wenn die geburtenschwächeren Jahrgänge nicht mehr in der Lage sind, die Rentenleistung aufzubringen?

CAROLINE

Der immer älter werdenden Bevölkerung stehen immer weniger Geburten gegenüber, das ist Fakt. In der Generation meiner Großeltern lag die durchschnittliche Zahl der Kinder pro Mutter beziehungsweise pro Paar bei 2,2. Heute sind es 1,6. Das ist ein gewaltiger Unterschied. Wir hatten 1972 das letzte Mal mehr Geburten als Todesfälle in der Bundesrepublik. 1964, da hatten wir noch 1,3 Millionen Geburten. Heute sind es noch 660 000 bis 670 000 Geburten.

Aber damals gab es ja auch nur drei Fernsehprogramme, heute sieht das anders aus ... Das, was die Rentenkasse belastet, ist aber nicht allein die Anzahl der Rentenempfänger. Es ist auch die Bezugsdauer. Früher haben die Menschen durchschnittlich zehn bis elf Jahre lang Rente bezogen. Heute hat sich das verdoppelt. Wer heute in Rente geht, kann damit rechnen, dass er über 20 Jahre Rente bezieht. Aber wie mein Papa jetzt sagen würde: Über die Länge des Rentenbezuges entscheidet nicht der Bundestag, sondern nur der liebe Gott.

MODERATORIN

Kann man es also auch so sagen: Wenn es bei den durchschnittlich zehn bis elf Jahren geblieben wäre, hätten wir kein Problem, weil wir ja das Rentenniveau gesenkt und das Renteneintrittsalter höher gesetzt haben?

CAROLINE

Ja. Und nur hier kann die Lösung liegen: Wenn wir die Rente nicht noch weiter senken wollen, müssen wir das Renteneintrittsalter anheben. Auch wenn ich uns von Herzen etwas anderes gönnen würde. Wir sehen ja gerade die sehr konkrete Forderung nach Rente mit 68. Meine Generation wird nach Lage der Dinge vermutlich erst mit 70 Jahren in Rente gehen. Übrigens, als Bismarck die Rente schuf, lag das Renteneintrittsalter tatsächlich bei 70 Jahren. Allerdings lag die durchschnittliche Lebenserwartung bei 40 Jahren. Der Beitragssatz bewegte sich damals bei 1,7 Prozent, schon damals paritätisch aufgeteilt zwischen Arbeitnehmer und Arbeitgeber. Um Renten jedoch erhalten zu können, musste man 30 Jahre lang eingezahlt haben. Die Rente war also wirklich nur für diejenigen vorgesehen, die beim besten Willen nicht mehr arbeiten, nicht mehr raus aufs Feld konnten. Damals waren über 70-Jährige die absolute Ausnahme, sie waren uralt! Heute steht der Rentner in Nietenjeans am Flughafen und will nach Mallorca.

Lacher im Publikum.

MODERATOR

Wenn die Rente heute nicht nur das finanzielle Überleben, sondern auch den in der Erwerbstätigkeit erworbenen Lebensstandard sichern soll, müssen wir später in Rente gehen. War es das, was Sie eben ansprachen?

CAROLINE

Ja. Die Rentenbezugsdauer wird nie in der Hand des Gesetzgebers liegen. Mein Papa hat da eine gute Anekdote: Immer wenn er sagt

»Ich habe einen Plan, wie wir die Rentenhöhe glatt halbieren könnten!«, hören alle aufmerksam zu. Wenn er dann sagt: »Dafür müssten wir nur die Bezugsdauer halbieren!«, verdrehen alle die Augen. Ist ja klar, dass das nicht funktioniert. Was wir in der Vergangenheit beobachtet haben: Mit jeder Generation steigt die Rentenbezugsdauer zwischen drei und fünf Jahre. Das heißt: Jede neue Rentengeneration bekommt viel mehr Rente als die Generation zuvor: nicht pro Monat, aber insgesamt über die gesamte Bezugsdauer. Und das wird so weitergehen. Daher müssen wir uns dringend etwas einfallen lassen, weil wir nicht Politik gegen die Mathematik machen können. Wir könnten natürlich alles so lassen, wie es ist, und mehr Mittel aus dem Bundeshaushalt zuschießen. Aber das würde bedeuten, dass der Steueranteil immer weiter ansteigt, ich schätze, das möchte niemand. An höhere Rentenbeiträge glaube ich auch nicht. Also bleiben noch die beiden Stellschrauben: höheres Renteneintrittsalter und Absenkung des Rentenniveaus. Das Rentenniveau können wir nicht weiter absenken, wenn wir nicht wollen, dass Menschen sich komplett veräppelt fühlen. Man muss auch erst mal diskutieren, warum das Rentenniveau in Deutschland im europäischen Vergleich so niedrig ist, gerade auch in Bezug auf die Selbstständigen. Das ist kein guter Anreiz, besonders nicht für engagierte junge Menschen meiner Generation, die überlegen, zu gründen. Deutschland ist eines der wenigen OECD-Länder, die keine obligatorische Rentenversicherung für alle Selbstständigen haben. Einige Gruppen von Selbstständigen sind zwar in berufsständischen Systemen versichert, allerdings ist die Alterssicherung für Selbstständige insgesamt lückenhaft. Auch für die wachsende Zahl an Arbeitnehmern, die neue Formen der Arbeit, zum Beispiel über Plattformen, ausüben, sind aufgrund mangelnder Absicherung und niedriger Beiträge die Rentenaussichten düster.

MODERATORIN

Neben den Selbstständigen scheiden auch Frauen besonders schlecht ab.

CAROLINE

Ja, das geschlechtsspezifische Lohngefälle liegt in Deutschland ja auch über dem OECD-Durchschnitt. Und da viele Frauen in Deutschland in Teilzeit arbeiten, dürften zukünftige Rentenansprüche von Frauen im Vergleich zu denen von Männern niedrig bleiben. Ohne Grund- und Mindestrente wird das Armutsrisiko für einkommensschwache Rentner groß sein. Wenigstens sieht eine kürzlich geschlossene Koalitionsvereinbarung die Einführung einer einkommensgeprüften Mindestrente für Menschen vor, die mindestens 35 Beitragsjahre aufweisen. Aber auch hier gilt: Der Pott muss erst mal gefüllt werden. Unsere schnelle Bevölkerungsalterung kann die finanzielle Tragfähigkeit des öffentlichen Rentensystems bereits kurz- und mittelfristig gefährden. So viel zum Rentenniveau.

Zum Thema Renteneintrittsalter: Ich denke, wir sollten hier mindestens flexibler werden. Damit eben nicht das berühmte Fallbeil kommt, dass man von 38,5 Stunden Arbeitszeit auf null Stunden Arbeitszeit runterfährt. Sicher, die einen können mit 60 Jahren nicht mehr, die anderen sind mit 67 aber noch topfit. Und eigentlich müsste man jenen ermöglichen, länger zu arbeiten. Vor allem, wenn sie arbeiten wollen! Aber da steht uns das Arbeitsrecht im Weg. Natürlich kann man den Arbeitsvertrag eines Mitarbeiters über das 65. Lebensjahr hinaus verlängern, aber dann genießt er auch vollen Kündigungsschutz. Und da sagen Unternehmen: Wir möchten niemanden auf der Payroll haben, bis er 86 ist! Denn solange er noch irgendwie jeden Morgen durchs Werkstor kommt, muss man ihn weiter voll beschäftigen. Es muss viel normaler werden, befristete Arbeitsverträge abschließen zu können. Das würde die Rentenkasse enorm entlasten. Wenn ich das mal im Kopf überschlage: Angenommen, deine Rentenbezugsdauer liegt bei 18 Jahren, du gehst aber noch drei Jahre arbeiten, dann sind das schon mehr als 15 Prozent Ersparnis. Die Rentenkasse spart Geld, der Mitarbeiter bekommt sein volles Gehalt und zahlt weiter Rentenversicherungsbeiträge.

JÜNGERE FRAU, um die 30 Jahre, hat sich gemeldet.

JÜNGERE FRAU

Mir geht es um etwas anderes. Ich habe in den vergangenen Jahren immer CDU gewählt. Auch wegen der klaren Haltung zu Rente und Altersversorgung. Aber wenn wir uns jetzt tatsächlich auf eine schwarz-grüne Regierung auf Bundesebene einstellen müssen, vielleicht sogar auf eine grüne Bundeskanzlerin, worin liegt denn der Unterschied zwischen Schwarz und Grün bei der Rente? Oder gibt es da keine Unterschiede?

CAROLINE

Also, ich vermute, die grüne Kanzlerin wird uns erspart bleiben. Die Grünen bekennen sich zum bedingungslosen Grundeinkommen. Das bedeutet, dass jeder von Tag eins an mit Ansprüchen ausgestattet ist. Dass jeder Geld bekommt, unabhängig davon, was er oder sie macht und leistet. Das hat natürlich seinen Charme. Aber es ist eben ein völlig anderes System. Es basiert nicht darauf, dass alle etwas für die Gemeinschaft beitragen, sondern dass die einen damit einverstanden sind, durch ihre Arbeit die anderen zu finanzieren, die nicht arbeiten. Ich weiß, dass diese Idee auch viele Befürworter hat. Aber ich bin da sehr skeptisch. Zumal: Wenn es ein bedingungsloses Grundeinkommen gibt, dann wird es auch kein Hartz IV und keine Sozialhilfe geben. Darüber muss man sich im Klaren sein.

JÜNGERE FRAU

Was macht Sie denn sonst noch skeptisch, wenn ich fragen darf?

CAROLINE

Sie dürfen! An dieser nicht nur verlockenden, sondern auch philosophisch interessanten Idee stört mich maßgeblich eines: Entgegen unserem aktuell bewährten System, bei dem jeder Beitragszahler etwas beiträgt, ist bei einem bedingungslosen Grundeinkommen der einzige gemeinsame Nenner eine Anspruchshaltung des Bürgers gegenüber dem Staat. Statt der individuellen Eigenverantwortung heißt es: »Du, Staat, hast mich zu alimentieren – ob du willst oder nicht.« Hinter dem Begriff »Staat« steckt in diesem Fall aber kein anonymes System, sondern Menschen wie Sie und ich.

MODERATORIN

Zum Abschluss noch eine Frage? Wer hat noch etwas auf dem Herzen? Ja, hier vorne.

ÄLTERE FRAU 4

Mir liegt noch etwas auf dem Herzen. Nicht nur, aber auch weil wir jetzt gesehen haben, wie rasch Großbritannien nach Corona wieder zur Normalität übergehen konnte, weil sie das Impfen viel schneller und pragmatischer umgesetzt haben, während uns hier die EU-Bürokratie behindert hat – wird es für Deutschland nicht auch Zeit, aus der EU auszutreten? Wir sind die Melkkuh Europas. Und dann können wir noch nicht einmal darüber bestimmen, wofür die Mittel eingesetzt werden, die wir an andere Länder verschenken. Ich sage nur Griechenland oder Zypern. Das sind doch nie echte Kredite gewesen. Die Ausfallrisiken waren immer schon immens! Das ist doch bei der Vergabe jedem bewusst gewesen, dass Staaten wie Griechenland, und leider auch unsere italienischen Freunde, nicht in der Lage sein werden, alle ihre Verbindlichkeiten inklusive Zinsen zurückzuzahlen. Gerade Sie, Frau Bosbach, Sie müssen das doch auch kritisch sehen! Ihre Generation, Ihre Kinder und Kindeskinder, Sie werden das alles bezahlen dürfen!

CAROLINE (lacht)

Oh, ich dachte, jetzt machen wir hier einen gemütlichen Ausklang. Aber gut. Nicht wenige Menschen haben das Gefühl, dass wir unser Geld verschenken. Aber ich halte die europäische Idee für unverzichtbar. Europa ist entstanden aus einer Wirtschaftsunion und historisch aus einer politischen Überzeugung: Nie wieder Krieg. Nach dem Ersten und Zweiten Weltkrieg haben wir als zentral gelegenes Land mit insgesamt neun Nachbarländern ein überragendes Interesse an einem friedlichen Miteinander. Und als rohstoffarme Exportnation haben wir auch ein überragendes Interesse am europäischen Binnenmarkt. Und weil wir ein rohstoffarmes Land sind, ist nicht nur der Export, sondern auch der Import von Waren für uns überlebenswichtig. Der Binnenmarkt ist keine Einbahnstraße. Er funktioniert in alle Richtungen, und das ist gelebte Freiheit für uns Menschen – für den Verbraucher, den Geschäftsführer, den Gründer. Ein Markt der Chancen. Trotz allem ist die binnenstaatliche Solidarität ebenso wie die europäische Solidarität Ausdruck unterschiedlicher Wirtschaftskraft in der Europäischen Union. Sie beruht auf dem Gedanken, dass es dem einen Land nicht besser geht, wenn es anderen nicht gut geht. Das ist ja auch das Prinzip, dass dem Länderfinanzausgleich in Deutschland zugrunde liegt. Wir haben in Deutschland gerade mal vier Länder, die den Länderfinanzausgleich finanzieren: Bayern, Baden-Württemberg, Hessen und Nordrhein-Westfalen, das sind die Geberländer. Und von diesen zahlt allein der Freistaat Bayern 60 Prozent des Länderfinanzausgleichs. Der Rest sind Nehmerländer!

Aber wie gesagt, wenn es dem einen Land nicht gut geht, schadet das auch dem vermeintlich reicheren Land. Zum Beispiel im Warenverkehr, wenn Produkte nicht mehr abgesetzt werden können. Und wie Bayern als Geberland auch vom Länderfinanzausgleich profitiert, so profitiert auch Deutschland von der EU. Trotzdem ist die Kritik berechtigt: Gerade wenn man den europäischen Finanzausgleich betrachtet, sind wir der stärkste Nettozahler der EU. Und der zweitstärkste ist gerade ausgetreten.

MODERATORIN

Großbritannien?

CAROLINE

Ja, genau, und als wichtigster Zahler kann Deutschland durchaus die berechtigte Forderung aufbringen, beispielsweise die Sozialleistungen oder die Rente innerhalb der EU anzugleichen. Warum ist das geplante Renteneintrittsalter in Frankreich mit 62 Jahren wesentlich niedriger als in Deutschland, wo wir bald bei 67 Jahren sind? Das wird allerdings sehr kritisch gesehen, vor allem in Frankreich. Auch wenn man die Haltung versteht: »Über unser Renteneintrittsalter entscheiden nicht die Deutschen, das entscheiden wir!« Das ist, wie wenn Bayern den Berlinern 2018 gesagt hätte: »Solange wir Geberland sind und zahlen, gibt es auch bei euch keine beitragsfreien Kitas.« Das ist ein grundsätzliches Dilemma: Wenn Menschen das Gefühl haben, nicht mehr Herr im Haus zu sein, fängt der Ärger richtig an.

MODERATORIN

Und wenn der Ärger anfängt, hören wir am besten auf. Ich bedanke mich ganz herzlich bei Ihnen, Frau Bosbach, für den Vortrag und die spannende Diskussion. Ich denke, das war für uns alle sehr erhellend! Vielen Dank!

Beifall

RADIO FUTURE SENDET AUS DEM JAHR 2030

Berlin. Die seit 2021 regierende schwarz-grün-gelbe Regierungskoalition hat nach jahrelangen Debatten ein neues Rentensystem in Deutschland etabliert. Die als »Mammutwerk« bezeichnete Rentenreform soll zum 1. Januar 2031 in Deutschland in Kraft treten. Vorbild für »Die Neue Rente« ist das Schweizer Modell, das in weiten Teilen übernommen wurde. Die Schweiz hatte schon seit langem ein Rentensystem, das auf drei Säulen basiert: Eine staatliche Vorsorge sichert die Existenz mit einer Minimalrente für alle. Angestellte sind darüber hinaus obligatorisch bei einer Pensionskasse versichert. Das sichert den gewohnten Lebensstandard. Die dritte Säule ist das sogenannte freiwillige Sparen, das steuerlich begünstigt wird, sie steht jedem frei. Den Berliner Koalitionären ging es jedoch darum, mögliche Defizite im Schweizer Modell zu umgehen. So wurde die Basisrente für alle deutlich angehoben, damit auch im Hinblick auf steigende Lebenshaltungskosten Anschaffungen für den täglichen Bedarf sowie die Miete gesichert sind. Die Rentenreform hatte zuletzt auch Kritiker überzeugt, weil der Renteneintritt der sogenannten Babyboomer nicht wie zunächst befürchtet ein tiefes Loch in die Rentenkasse gerissen hat und durch neue Anlageformen klug gegenfinanziert werden konnte. Der seit 2021 regierende Bundeskanzler Armin Laschet zeigte sich erleichtert über das baldige Inkrafttreten der Rentenreform. »Nach langen Verhandlungen bin ich sehr erfreut über das Ergebnis. Tatsächlich ist uns in aller Bescheidenheit ein Jahrhundertwerk gelungen, von dem auch folgende Generationen noch lange profitieren werden«, so Laschet in einem Interview mit dem ZDF.

FOLGE 9

HABEN WIR GEGEN DIE CHINESEN ÜBERHAUPT NOCH EINE CHANCE?

China ist nicht nur dabei, das Silicon Valley abzuhängen, sondern vor allem auch Europa und Deutschland. Was bedeutet das für deutsche Firmen? Haben die noch eine Chance? Oder sollen sie gleich alle Patente nach China verkaufen? Wie die Realität in deutschen Firmen in Zeiten des Decouplings aussieht, erfahren Caroline und Torsten bei einer Werksbesichtigung.

Szene läuft →

INNEN

CAROLINE und TORSTEN sind zu einer Werksführung bei einem mittelständischen Unternehmen eingeladen. Hintergrund ist unter anderem, dass die Firma wohl von einer chinesischen Firma ein Kaufangebot erhalten hat, jedoch zögert man noch. Das Unternehmen ist ein deutsches Familienunternehmen im Bereich Maschinenbau. Bisher hat das Unternehmen sehr erfolgreich auf dem Weltmarkt agiert, doch die zunehmende Digitalisierung sowie die geopolitische Entwicklung machen dem Unternehmen zunehmend zu schaffen. Der UNTERNEHMER, ein Mann Mitte 40, führt das Unternehmen nun in dritter Generation, sein Großvater hatte den Betrieb nach dem Krieg aufgebaut, in den vergangenen zehn Jahren hat eine Internationalisierungsstrategie viel Erfolg gebracht, doch nun müssen Entscheidungen getroffen werden. Gemeinsam mit CAROLINE und TORSTEN steht der UNTERNEHMER vor einer großen Produktionshalle, sie sind mitten in einer Unterhaltung. Der UNTERNEHMER hat den Türgriff schon in der Hand, doch die Diskussion scheint spannend.

UNTERNEHMER

... genau das habe ich neulich von einem befreundeten Unternehmer gehört, offenbar steckt er in einem gravierenden Zwiespalt. Er macht etwa ein Drittel seines Umsatzes in den USA, und eigentlich war er dabei, sein Engagement in China auszubauen. Doch von amerikanischer Seite wurde ihm signalisiert, dass das nicht so gern gesehen wird, sehr subtil, aber sie haben es durchblicken lassen.

CAROLINE

Dass er sich in China engagiert?

UNTERNEHMER (zunehmend emotional)

Genau, und das wird zunehmen. Wir alle stehen schon bald vor der Entscheidung: USA oder China. Jetzt ist die Wirtschaft die Waffe, und wir stecken irgendwie dazwischen und müssen uns behaupten, vor allem wir in Deutschland. Das hat brutale Auswirkungen auf unser Geschäft, wenn wir uns für eine Seite entscheiden müssen.

TORSTEN

Ich verstehe Ihre Sorgen, aber das sehe ich bei weitem nicht so dramatisch. Vor allem, weil die beiden Volkwirtschaften, China und die USA, zu sehr miteinander verflochten sind. Da gibt es wechselseitig zu viele technologische Abhängigkeiten – und natürlich geht es auch um Absatzmärkte. Das aufs Spiel zu setzen, das können sich beide Länder bis in letzter Konsequenz nicht leisten.

CAROLINE

Du hast aber schon mitbekommen, dass ein Handelskrieg losgetreten wurde? Das hat mit Trump und seinen Zöllen begonnen, und die Chinesen haben es mit gleicher Münze zurückgezahlt. Erst jüngst hat Peking seinen Staatsbeamten verboten, Hardware und Software aus den USA zu nutzen. Dem kompletten Staatsapparat. Das hat zu einem riesigen staatlichen Austauschprogramm geführt. Insgesamt mussten nahezu 30 Millionen Geräte ersetzt werden. Unternehmen wie HP, Dell oder Apple wird das hart treffen.

UNTERNEHMER

Genau das meine ich. Zudem verdichtet sich der Eindruck, dass die Chinesen immer effektiver, schneller, innovativer werden. Da erlebt man eine wahnsinnige Dynamik, auch gerade nach Corona. Und da müssen wir uns schon fragen, woran hapert es in Deutschland? Wir waren doch immer das Land des Fleißes, mit Innovationen und Patenten. Man hat ja selbst schon das Gefühl, technologisch hinterherzuhinken. Aber ich schätze mal, die wenigsten Unternehmer können tatsächlich in klaren Worten beschreiben, worin beispielsweise das Potenzial von künstlicher Intelligenz liegt. Es gibt genug Leute, die sagen, künstliche Intelligenz werde die Welt so verändern wie die Elektrizität vor mehr als 150 Jahren.

CAROLINE

Ich denke, wir brauchen neben einer effektiven »High-Tech-Strategie« vor allem auch einen Mentalitätswandel in Deutschland. Wir müssen davon wegkommen zu glauben, dass eine gute Idee allein ausreichend ist. Ja, wir brauchen gute Ideen. Aber wir brauchen vor allem auch den Weg zum Produkt! Wenn wir hier nicht nachdrücklich vorgehen, werden andere sich die kostenlosen Ideen zu eigen machen, die wir geliefert haben. Darüber hinaus gilt nach wie vor: »Wir müssen so viel besser sein, wie wir teurer sind. Nur so können wir unseren Wohlstand erhalten.« Dieser Satz stammt von Angela Merkel, November 2006. Vermutlich war er nie aktueller als jetzt. Und wenn wir ehrlich sind, gerade bei Themen wie Daten oder eben künstlicher Intelligenz haben wir nicht genug vorzuweisen.

UNTERNEHMER

Ich frage mich aber schon auch, ob das kleine Deutschland gegenüber der Volksrepublik überhaupt noch eine Chance hat. Ich sehe nicht wirklich eine Strategie, um gerade die Kernbranchen in Deutschland, also gerade den Maschinenbau, zu digitalisieren. Schauen Sie hier ...

Der UNTERNEHMER öffnet die Tür, CAROLINE und TORSTEN blicken in eine Produktionshalle, im Hintergrund sind Geräusche zu hören.

Ich sehe das durchaus selbstkritisch. Auch wir sehen nicht immer das Potenzial einer grundlegenden Neugestaltung mithilfe von Digitalisierung. Da muss ich ganz ehrlich sein. Ich denke aber, dass es hier auch vonseiten der Politik Initialzündungen geben müsste, auch was Forschung und Entwicklung betrifft.

CAROLINE

Das ist es, was im Hinblick auf China ja durchaus Anerkennung verdient. China hat das ambitionierte Ziel, in den Bereichen KI, Wasserstoff und Raumfahrt mithilfe von staatlichen Entwicklungsfonds seinen eigenen Forschern die nötige Unterstützung zukommen zu lassen – und das nicht, um den westlichen Industrienationen auf diesen Feldern ebenbürtig zu sein, sondern um sie abzuhängen. Verbunden mit wachsender Autonomie von westlichem Wissenstransfer. Ich denke aber, diese großen Ziele sollten uns nicht in Ehrfurcht erstarren lassen, sondern antreiben, unsere eigene Wirtschafts- und Leistungsfähigkeit zu verbessern – unter der Wahrung sozialer, ökonomischer und ökologischer Standards, die in der Welt als Vorbild taugen könnten, aber nicht eingefordert werden dürfen.

TORSTEN

Ich halte es für entscheidend, dass wir das nicht als ein rein deutsches Problem betrachten. Die Lösung kann nur eine europäische sein. Als Deutschland sind wir vermutlich zu klein, um uns zwischen den USA und China zu behaupten. Es sollte unser Ziel sein, einen Cloudanbieter aufzubauen, einen europäischen Hyperscaler. Die europäische Cloudlösung GAIA-X ist sicher ein erster wichtiger Schritt, auch um die Abhängigkeit von den amerikanischen und chinesischen Techfirmen zu reduzieren. Eine europäische Cloud-Lösung bedeutet ja vor allem auch digitale Souveränität. Auch dass die EU nun begonnen hat, eine Chip-Allianz aufzubauen, um die Abhängigkeit gerade von asiatischen Herstellern zu reduzieren, ist zu begrüßen. Das ist ja mithin das größte Dilemma: Die Chip-Industrie sitzt fast vollständig in Asien, und wir können keine Autos mehr bauen, weil die Halbleiter fehlen. Das kann Deutschland nicht allein schaffen, da braucht es europäische Zusammenarbeit im Sinne einer gemeinsamen europäischen industriepolitischen Strategie. Gerade in solchen Fertigungsbereichen, die für Zukunftstechnologien besonders relevant sind, wie zum Beispiel die Halbleitertechnik, darf die internationale Abhängigkeit von anderen Staaten, insbesondere China, nicht zu groß werden.

UNTERNEHMER

In der Tat gibt es kein einziges europäisches Unternehmen, das auch nur annähernd zu den führenden der Welt zählen kann. Gerade bei den Halbleitern ist diese Abhängigkeit tatsächlich da.

CAROLINE

Bei den Halbleitern ist China allerdings auch keine führende Nation.

UNTERNEHMER

Ja, aber wenn China erkennt, irgendwo hintendran zu sein, beginnt es sofort, massiv in Forschung und Entwicklung zu investieren. Das fehlt in Deutschland, zumindest hat sich dieser Eindruck bei mir über viele Jahre verfestigt, dass es uns am nötigen Biss fehlt. Wir haben zwar einen hochgelobten Wissenschaftsstandort, aber um mitzuhalten, müssen wir einfach viel stärker in die relevanten Zukunftsbereiche wie KI investieren und auch dann am Ball bleiben, wenn schnelle Erfolge vorerst ausbleiben. Diese Beharrlichkeit, dieser unbedingte Wille, an der Spitze des weltweiten Fortschritts zu stehen, ist in unserem Land zu vielen abhandengekommen. Wir können uns nicht darauf verlassen, dass es den deutschen Familienunternehmern auf der Schwäbischen Alb oder im Sauerland immer gelingt, so innovativ zu sein, dass sie auf dem Weltmarkt mithalten können. Das treibt auch meinen Betrieb an seine Grenzen. Wir sind uns nicht sicher, wie lange wir das noch durchhalten. Uns liegt schon seit einiger Zeit ein Angebot eines chinesischen Unternehmens vor, die würden uns gleich kaufen.

TORSTEN

Und?

UNTERNEHMER

Wir zögern noch. Aber wir beginnen zu erkennen, dass wir technologisch gerade nur noch schwer mithalten können. Vernetzte Fertigungsrobotik ist ein globaler Megatrend, aber uns fehlen auch langsam die nötigen Fachkräfte, um unsere personellen Vakanzen schließen zu können. Noch ein deutsches Problem. Mit einer Absolventenschar von Kulturanthropologen, Ethnologen und Afrikawissenschaftlern kann ich auf Dauer nicht die Existenz eines Hidden Champions der weltweiten Fertigungsindustrie sichern *(er schaut auf die Uhr)*.

Aber jetzt würde ich mich freuen, wenn Sie noch Zeit für ein kleines Treffen hätten mit ein paar Kollegen aus dem Betrieb, auch vom Betriebsrat. Solange wir noch einen haben *(lächelt müde)*. So in einer halben Stunde? Ich hole Sie dann wieder ab *(er geht rasch Richtung Tür)*.

<u>INNEN</u>

CAROLINE und TORSTEN sitzen an einem kleinen runden Tisch in der Cafeteria des Unternehmens. Beide haben jeweils einen Kaffee vor sich, auf dem Tisch liegen ihre Handys und eine Broschüre des Unternehmens. Das Gespräch dreht sich noch um China.

TORSTEN

... zumindest profitiert unsere Autoindustrie davon. Man muss sich nur die Zahlen der Konzerne anschauen, Wachstumstreiber im Corona-Jahr 2020 war sowohl bei Daimler als auch bei Volkswagen ganz klar China. Volkswagen verkauft fast jedes zweite Auto im Reich der Mitte, bei Daimler ist es mittlerweile fast jedes dritte Fahrzeug. Das sind die Fakten: 30,6 Prozent aller Neuwagen von Daimler gingen 2020 nach China, 11,7 Prozent mehr als im Vorjahr. Und das im Jahr der Pandemie! Diesen Markt wird kein deutsches Unternehmen aufgeben wollen. Das sind Wachstumszahlen, die es für die Autofirmen in Europa oder den USA gar nicht mehr gibt. Und wir sehen ja, wo Firmen sind, die nicht auf China gesetzt und sich gegen Investitionen entschieden haben. Weil sie nicht daran geglaubt oder aus politischen Gründen es nicht gewollt haben. VW dagegen hat China früh als Markt erkannt und schreibt Erfolgsgeschichte, aber eben auch in den USA.

CAROLINE

Vor allem, wenn man bedenkt, dass auch mit Joe Biden die Handelsschranken keineswegs abgebaut werden. Huawei steht immer noch auf der schwarzen Liste. Und anderen Konzernen wie Alibaba und Tencent wird von amerikanischer Seite vorgeworfen, sie hätten Verbindung zum chinesischen Militär. Das war unter Donald Trump so, und das hat sich unter Biden nicht geändert. Da bahnt sich etwas an, von dem wir alle noch nicht wissen, wohin es sich entwickeln wird.

TORSTEN

Das glaube ich auch. Das Decoupling, also die Entkopplung von USA und China, wird sicher das dominierende Wirtschaftsthema der 2020er-Jahre, vor allem natürlich auch aus technologischer Sicht. Und das Tempo, das China vorlegt, ist enorm, in nahezu allen Bereichen. Mittlerweile gibt es in China angeblich mehr Start-ups mit Milliardenbewertung als im Silicon Valley. Es ist ein Einhorn-Wunderland.

CAROLINE

Absolut. Überleg dir mal, das Silicon Valley in Kalifornien galt ja immer als das Epizentrum der digitalen Revolution. Noch vor zwei, drei Jahren sind deutsche Manager scharenweise dorthin gereist, um etwas von diesem Spirit aufzusaugen. Tatsächlich hat sich der Schwerpunkt der digitalen Transformation aber längst verlagert. Früher waren die Chinesen verschrien als »Copy Cats«, die Produkte kopieren. Heute sind Städte wie Shenzhen Megazentren für Innovation. Das liegt auch an der staatlichen Förderung von Start-ups in China, die weltweit einzigartig ist. Daran müssen wir uns ein Beispiel nehmen. Dass die Bundesregierung im vergangenen Jahr endlich einen Start-up-Fonds auf den Weg gebracht hat, ist sicher ein gutes Zeichen. Aber so wie ich das bis jetzt mitbekommen habe, läuft die Förderung noch immer eher schleppend.

TORSTEN

Auch die Dynamik, die man in chinesischen Städten erlebt, ist unvergleichlich. Ich war jetzt ein paarmal in China, und die Power dieses Landes ist faszinierend. Wenn du dort morgens um fünf Uhr auf die Straße gehst, sind schon Tausende unterwegs. Alle wollen etwas leisten, alle wollen etwas bewegen, und das in einem unfassbaren Tempo.

CAROLINE

Erfolg kommt eben nicht von ungefähr. Aber hier wird über das bedingungslose Grundeinkommen gesprochen. Da ist nichts mit um fünf Uhr aufstehen und arbeiten, da ist Selbstfindung angesagt. Ich hoffe nur, es erschreckt sich niemand, wenn er sich dann selbst gefunden hat.

TORSTEN

Caro! *(lacht)*

CAROLINE

Ist doch so. Die Idee, Menschen von Tag eins an mit solchen Ansprüchen ausstatten zu wollen, kombiniert mit unserer einmaligen Bürokratie – ich bin mir nicht sicher, ob das auf Dauer ein Erfolgsmodell sein kann. Letzteres ist übrigens der Punkt, den man von den Bürgerinnen und Bürgern gern gefragt wird: Warum hat der Chinese schon losgebaut, während wir noch Formulare ausfüllen? Wir hatten jahrelang eine weltberühmte Flughafen-Baustelle in Berlin, oder nimm den Stuttgarter Bahnhof ... In dieser Zeit hat China ganze Städte hochgezogen. Aber bei uns muss ja noch diese und jene Behörde gehört werden, hat ein Referatsleiter Bedenken, klagt ein Naturschutzverein. Wir müssen einfach mal machen! Das heißt beispielsweise auch: Genehmigungsverfahren massiv beschleunigen – und diese beschleunigten Verfahren als Chance betrachten für ein effizientes und gerechtes Verwaltungshandeln ...

In diesem Augenblick ist die ASSISTENTIN des UNTERNEHMERS an den Tisch getreten.

ASSISTENTIN

Entschuldigen Sie bitte, ich wollte nicht stören, aber die Kolleginnen und Kollegen würden sich sehr freuen, wenn Sie noch die Zeit hätten, auf ein Gespräch vorbeizukommen. Sie warten oben in unserem Meeting-Raum. Folgen Sie mir einfach.

CAROLINE

Ja klar, gerne.

Sie stehen auf, folgen der ASSISTENTIN Richtung Treppe. Alle drei gehen die Treppe nach oben. Die ASSISTENTIN biegt links ab, einen Gang entlang und öffnet dann die Tür zu einem größeren Raum mit einem ovalen Tisch, daran sitzen bereits der UNTERNEHMER, ein KOLLEGE AUS DEM MARKETING, die BETRIEBSRATSVORSITZENDE, die PRESSESPRECHERIN sowie ein ALTGEDIENTER WERKSLEITER.

UNTERNEHMER

Das ist ja schön, dass Sie noch die Zeit finden, liebe Frau Bosbach, Professor Weber, nehmen Sie Platz! Wunderbar, dann können wir ja hier im kleinen Kreis weitersprechen. Hier hinten sehen Sie noch eine unserer ersten – damals noch völlig unvernetzten – Fertigungsmaschinen. Alles noch geplant und konstruiert von Technikern und Ingenieuren ohne jegliches Internet. Betrachten Sie die kleine Plakette *(deutet auf die Plakette mit der Aufschrift »August 1987«).* Ich bin sehr gespannt, wie Sie die künftige Zusammenarbeit mit China einschätzen und wie vor allem die deutsche Industrie darauf reagieren soll. Bringen wir es doch gleich mal auf den Punkt: Müssen wir Angst vor dem Reich der Mitte haben?

CAROLINE

Ich möchte mich zunächst bedanken. Professor Weber und ich freuen uns sehr, dass Sie sich noch die Zeit nehmen. Gespräche wie diese sind sehr wichtig – sowohl für Forschung und Lehre als auch für die Politik. Wir können uns so ein unverfälschtes Bild von der Lage der Unternehmen machen. Zu Ihrer Frage: Ich denke, dass wir keine Angst vor China haben müssen. Allerdings nur dann nicht, wenn wir es schaffen, unsere großen Pläne nicht mit Bedenken aufzuladen, sondern sie lösungsorientiert angehen. Wir können von den Chinesen bei der Implementierung zukunftsträchtiger Infrastruktur lernen, aber eben auch, von der fertigen Lösung aus zu denken. Wir verlieren uns gern im Klein-Klein, halten uns mit Problemen auf.

UNTERNEHMER

Apropos ein Ziel vorgeben: Was glauben Sie, Frau Bosbach, wie nachhaltig ist Chinas Bestreben, in den nächsten Jahren die dominierende Weltmacht zu werden? In ihrem letzten Fünfjahresplan ist dies ein klar formuliertes Ziel.

CAROLINE

Ich glaube, bei allen Chancen in Bezug auf die Zusammenarbeit mit dem Reich der Mitte sollten wir uns nicht der naiven Illusion hingeben, China würde Seite an Seite mit dem Westen die Welt gestalten wollen. Nein, China hat ein anderes Ziel: den Westen abhängen. Doch so einfach ist das nicht. Die Exportquote nach China ist nach wie vor sehr hoch. Auch wenn amerikanische Waren immer weniger stark in China nachgefragt sind – Folge des Protektionismus der Ära Trump –, bleiben die deutschen und europäischen Exporte in die Volksrepublik auf hohem Niveau. Das zeigt, dass China bis heute noch nicht in der Lage ist, auf allen Technologiefeldern am Westen vorbeizuziehen und Waren in heimischer Produktion auf dem gleichen Niveau oder besser herzustellen.

BETRIEBSRATSVORSITZENDE

Interessant. Mal etwas anderes, was mich schon länger bewegt. Wie können wir mit China im Jahr 2021 noch Geschäfte machen, wenn dieses Land keinerlei Menschenrechte beachtet? Betrachten Sie nur, wie das Land mit den Uiguren umgeht. Das ist Zwangsarbeit, das ist die Ausbeutung von Menschen, um Baumwolle zu gewinnen. Und wenn ein Hersteller wie H&M beschließt, keine Baumwolle mehr zu beziehen, die in den Lagern der Uiguren produziert wird, dann drohen dem Unternehmen Repressalien von chinesischer Seite. Oder betrachten Sie die Situation in Hongkong, da werden Menschenrechte mit Füßen getreten. Ich glaube nicht, dass wir mit so einem Regime kooperieren sollten.

CAROLINE

Das ist ein heikler Punkt. Auch wenn es manchmal schwerfällt: Wir müssen grundsätzlich trennen zwischen einem Export von

Werten und einem Export von Waren! Ich sehe das so: Man wird die Handelsbeziehung mit China nur dann in vernünftigen Einklang bringen, wenn man sich von der Illusion verabschiedet, China in puncto Menschenrechte von deutscher Seite aus belehren zu können.

BETRIEBSRATSVORSITZENDE

Man muss die glasklaren Menschenrechtsverletzungen vonseiten Chinas aber doch immer wieder erwähnen, ohne hier jetzt zahlreiche Beispiele aufzählen zu wollen.

CAROLINE

Das mag sein. Diskutieren müssen wir aber die deutsche Antwort hierauf! Amerika zum Beispiel ist diesbezüglich in einer ganz anderen Position. Ich denke, es obliegt im direkten Vergleich viel eher der amerikanischen Außenpolitik, Stellung zu nehmen. Denn aufgrund unserer historischen Verantwortung eignen wir uns nicht besonders gut, andere zu belehren. Wir sind ganz bestimmt nicht die Weltpolizei und dürfen uns auch nicht als solche aufspielen. Aufgrund unserer Geschichte mangelt es uns an Glaubwürdigkeit. Daher muss uns immer bewusst sein, dass eine Einmischung Deutschlands in andere innerpolitische Angelegenheiten als Anmaßung und zum Teil als Diffamierung gewertet werden kann. Und dass zur Beurteilung an unser Handeln in der Welt in puncto Tonlage, Intensität und Themensetzung ein besonderer Maßstab von Moral und Zielvorstellung im Vergleich zu allen anderen westeuropäischen Staaten angelegt wird.

PRESSESPRECHERIN

Sollen wir dann darüber hinwegsehen, wäre das die Lösung? Das kann ich mir nicht vorstellen.

CAROLINE

Es geht nicht um ein Hinwegsehen. Aber wenn wir schon so genau hinschauen, dann sollte nicht nur der aktuelle Blick unser politisches Handeln und unsere Beziehung zu China bestimmen. Das heißt: nicht nur den herrschenden Staatskapitalismus und die Regierung Pekings kritisieren, sondern die großen Linien der jahrhundertelangen Zusammenarbeit und Handelsbeziehungen mit der chinesischen Bevölkerung betrachten und die sich daraus ergebenden Chancen skizzieren. Vereinfacht gesagt: Wir sollten nach dem schauen, was uns mit China verbindet, und zugleich ein starkes Bekenntnis zum westlichen Bündnis formulieren.

KOLLEGE AUS DEM MARKETING

Weil Sie die Bündnisse angesprochen haben. Welchen Bündnissen gehört denn Ihrer Meinung nach die Zukunft?

CAROLINE

Ich glaube, die Zukunft des westlichen Bündnisses hat schon begonnen. Die Zusammenarbeit mit der Biden-Administration in Washington bietet neue Möglichkeiten, ein weiteres erfolgreiches Kapitel transatlantischer Zusammenarbeit aufzuschlagen und dies mit deutschen und europäischen Interessen anzureichern und in Einklang zu bringen. Ein Ziel muss sein, hier in der Bevölkerung eine Akzeptanz zu schaffen, dass beide Seiten des transatlantischen Bündnisses sich gegenseitig brauchen, befruchten und wechselseitig stärken und somit zu einer stabileren und kontrollierten Form der Globalisierung beitragen. Allerdings, und das sehen wir bereits: Die Biden-Regierung ist zwar netter im Ton als Trump, aber genauso unerbittlich in der Sache. Es herrscht eine gewisse Ungeduld, was unsere Zusammenarbeit mit China betrifft. Da sind wir wohl als gesamte EU gefordert. Nationalstaatliche Alleingänge – wie sie sich einige Parteien in unserem Land vorstellen – sind Spiegelbild fehlender außenpolitischer Kenntnisse, des mangelnden diplomatischen Verhandlungsgeschicks und der moralischen Überhöhung der eigenen Vorstellung.

ALTGEDIENTER WERKSLEITER

Mal allgemein gesprochen, wo liegen denn unsere Chancen überhaupt noch als Unternehmen im Hinblick auf China?

CAROLINE

Dass China sich vorgenommen hat, die dominierende Wirtschaftsmacht zu werden, verdient nicht nur unsere Aufmerksamkeit, sondern auch Respekt. Hier zeigen sich Stärke und Selbstbewusstsein, was uns zuweilen zu fehlen scheint. Zugleich gibt es genug Anzeichen dafür, dass sich die chinesische Politik mit dem Ziel eines radikalen ökologischen, ökonomischen und politischen Wandels in diesem kurzen Zeitraum nicht nur viel, sondern vielleicht auch zu viel vorgenommen hat. Denn: China altert schnell aufgrund seiner Einkindpolitik, deren Hypothek vermutlich schwerer wiegt als der demografische Wandel im Westen. Darüber hinaus basiert die Energieversorgung der Wirtschaftssupermacht immer noch überproportional auf Kohlekraft, weswegen die Lösungen der Umweltprobleme noch größere Kraftanstrengungen bedeuten als in Europa oder den USA. Und drittens: Die Wissensgesellschaft basiert nicht nur auf funktionaler Intelligenz, sondern auch auf Kreativität. Um von dieser profitieren zu können, bedürfte es allerdings einer Denkfreiheit, deren Ausmaß im Reich der Mitte noch nicht gegeben ist.

TORSTEN

Den letzten Punkt halte ich für entscheidend. Wenn wir genau hinschauen, finden wir kaum ein chinesisches Produkt, kaum eine chinesische Innovation, die die Welt umgekrempelt hat. Alibaba ist eine Kopie von Amazon, Tencent eine von Facebook. Und um unseren Standort mal in ein gutes Licht zu rücken: Der Impfstoff gegen Covid-19 ist zuerst in Deutschland erfunden worden, nicht in China. Vor allem das Potenzial der mRNA-Technologie, an der deutsche Forscher bereits mehr als 20 Jahre arbeiten, ist längst nicht ausgeschöpft. Im Bereich Biotechnologie haben wir noch einen deutlichen Vorsprung. Allerdings, und das ist auch Teil der Wahrheit: Wenn es keine privaten Investoren gegeben hätte, die an die mRNA-Technologie geglaubt und über Jahre hinweg die defizitären Unternehmen unterstützt haben, gäbe es den Impfstoff aus Deutschland nicht. Das ist vielleicht der Punkt: Wir können uns nicht nur darauf verlassen, dass es Milliardäre gibt, die erkennen, was förderungswürdig ist. Wir müssen auch von staatlicher Seite entsprechend in Forschung, Entwicklung und Förderung von Start-ups investieren. So, wie das China macht. Ich halte es für überfällig.

UNTERNEHMER

Das ist ein guter Gedanke. Besten Dank! Ich denke, das war für uns alle sehr aufschlussreich. Und ich möchte mich noch mal bei Ihnen beiden bedanken. Kommen Sie gut nach Hause.

RADIO FUTURE SENDET AUS DEM JAHR 2030

11. Mai 2030 Im österreichischen Bundesland Kärnten hat heute die Zukunft Europas begonnen. Nach nunmehr sechs Jahren Bauzeit ist die Halbleiterfabrik »EuroChipXX« in Betrieb gegangen. Die Fabrik gilt als eine der drei größten Chip-Fabriken weltweit und soll Europa nun endgültig unabhängig von asiatischen und amerikanischen Herstellern machen. Nachdem Anfang des vergangenen Jahrzehnts auf EU-Ebene eine europäische Halbleiter-Allianz gebildet wurde, um der Konkurrenz aus Fernost Paroli zu bieten, wurde ein zweistelliger Milliardenbetrag bereitgestellt, um die Vision einer rein europäischen Chip-Fabrik umzusetzen. Mit der neuen Produktion will die EU sicherstellen, dass in Zukunft genügend Chips für das vernetzte Fahren, die Industrie 4.0, Smartphones, künstliche Intelligenz und Supercomputer gefertigt werden können. Die Chip-Knappheit, unter der viele Branchen im vergangenen Jahrzehnt zu leiden hatten, hat gezeigt, wie dringend Lieferketten widerstandsfähig gemacht werden müssen. In der neuen Anlage werden nicht nur 5-, 3- und 2-Nanometer-Chips hergestellt, sondern auch der neue, leistungsstarke und energieeffiziente Prozessor mit Namen »E-Nano-Plus«.

Experten werten die neue Produktionsstätte nicht nur als Technologiesprung, sondern vor allem als Zeichen eines starken und innovativen Europas. »Die europäische Chip-Industrie war jahrelang nur noch in Nischenbereichen Weltklasse. Das Megaprojekt in Österreich ist nun Beweis unserer erfolgreichen Aufholjagd«, sagte Peter Kreuz, EU-Kommissar für Technologie und Digitalisierung, bei der Feier.

FOLGE 10

WAS WIRD AUS UNS?

Eigentlich ist es nur eine Fahrt mit der Straßenbahn. Und eigentlich sitzen nur ein paar Menschen in Nach-Pandemie-Zeiten zusammen im öffentlichen Nahverkehr. Aber plötzlich entwickelt sich die Fahrt zu einem lebhaften Austausch über die Zukunft des Landes – und es wird geklärt, was Nachhaltigkeit wirklich bedeutet und warum Wertevermittlung heute nicht weniger wichtig ist als früher.

Szene läuft →

INNEN

Wir befinden uns in einer Straßenbahn in einer deutschen Großstadt. Die Bahn hält gerade an einer Haltestelle. Nach den Monaten der Corona-Beschränkungen sind nun die meisten Bundesbürger geimpft, die Pandemie klingt ab, die Menschen kommen wieder ins Gespräch. CAROLINE und TORSTEN sitzen sich in einem Zweiersitz gegenüber, im Vierersitz nebenan sitzt eine ÄLTERE DAME an der Gangseite. An der nächsten Haltestelle steigt ein JUNGER STUDENT ein. Er hat Airpods in den Ohren, ist in sein Handy vertieft und tritt der ÄLTEREN DAME versehentlich auf den Fuß.

ÄLTERE DAME (verzieht das Gesicht)

Au, passen Sie doch ...

JUNGER STUDENT (registriert es verspätet, gleichzeitig hektisch auf sein Handy tippend)

Oh, was ... ach ... entschuldigen Sie bitte, das tut mir leid, das habe ich ...

ÄLTERE DAME (leicht ungehalten)

Schauen Sie doch, wo Sie hingehen! Sie gucken die ganze Zeit auf Ihr Handy! Hier sind auch noch andere Menschen.

JUNGER STUDENT

Es tut mir wirklich leid, ich war gerade in Gedanken *(setzt sich gegenüber der ÄLTEREN DAME).*

ÄLTERE DAME

Na, das habe ich gesehen *(schaut ihn länger an, mustert ihn).* Aber immerhin haben Sie sich entschuldigt. Das ist heute nicht mehr selbstverständlich. Dafür muss man schon dankbar sein.

JUNGER STUDENT

Passiert Ihnen das oft?

ÄLTERE DAME (schaut aus dem Fenster, ehe sie sich wieder ihrem Gegenüber widmet)

Eigentlich ... eigentlich nicht, aber man hört das überall, wie es immer schlimmer wird ... Also, Sie ja nicht, Sie sind freundlich. Sie haben sich entschuldigt. Das finde ich gut.

Aber wenn ich höre, wie Kinder über ihre Eltern sprechen und vor allem auf ihre Großeltern schimpfen, das hätte es bei uns nie, nein, wirklich niemals gegeben. Das Land haben wir ihnen aufgebaut, das ganze Land. Hier stand kein Stein mehr auf dem anderen, das können Sie sich gar nicht vorstellen, junger Mann. Sie haben Bilder gesehen, ja, bestimmt. Aber zu erleben, wie man vor seinem ausgebombten Elternhaus steht. Und man hat nicht mehr als die eigenen Kleider am Leib. Dann haben wir alles wiederaufgebaut, unser Deutschland wieder aufgerichtet. Für uns, unsere Kinder, unsere Enkel. Und jetzt muss man sich anhören, man sei als Oma eine Umweltsau? Von Kindern, sogar im öffentlich-rechtlichen Rundfunk? Und das muss ich auch noch bezahlen. Sicher, so reden nicht alle. Meine Enkel würden es nicht tun, mit denen spreche ich viel über das, was früher war. Aber wir sind in einer Zeit angekommen, wo Kinder dafür beklatscht werden, dass sie auf der Straße stehen und herausschreien, dass wir ihnen ihre Zukunft klauen. Dieselben Kinder, die ohne unseren Fleiß noch in der Asche sitzen und in Trümmern spielen würden. Das muss man sich mal vorstellen. Das ist Zynismus vor dem Herrn.

JUNGER STUDENT

Ich weiß nicht, Sie haben es gerade selbst gesagt, nicht alle denken so. Ich behaupte mal vorsichtig, dass jeder, der etwas umfassender gebildet ist, so etwas nicht tun würde.

ÄLTERE DAME

Vielleicht sagen es nicht alle. Aber ich bin sicher, viele denken es. Und jetzt müssen wir uns auch noch anhören, dass ältere Menschen bevorzugt werden. Bei Corona, weil wir früher geimpft werden. Bevorzugt! Natürlich werden wir früher geimpft! Wir sind auch stärker gefährdet. Tausende Male gefährdeter als junge Menschen. Corona war hart für uns alle. Ich konnte monatelang meine Enkel nicht sehen, und man kam überhaupt nicht mehr raus.

JUNGER STUDENT

Für Kinder und Jugendliche ist es mindestens genauso hart gewesen. Wir haben alle zurückgesteckt, auch um die Älteren zu schützen. Ich habe letztes Jahr erst mit dem BWL-Studium begonnen. Ich war in den ersten beiden Semestern ein einziges Mal an der Uni. Wir haben nur digitalen Unterricht gemacht, und meine Kommilitonen kannte ich bis vor kurzem nur aus dem Chat. Meine kleine Schwester schläft zu Hause seit vielen Monaten nicht mehr. Sie ist verstört, hat ständig Angst. Ihr fehlt der Kontakt zu ihren Freunden noch mehr als mir. Eine Zehnjährige, die seit Monaten keinen Kontakt zu ihren Freunden hat. Können Sie sich das vorstellen? Keine Bewegung, keine Freizeitaktivitäten, kein gemeinsames Lernen.

ÄLTERE DAME

Das glaube ich gerne. Worum es mir geht, ist, dass das kein Grund ist, sich schlecht zu benehmen. Der Anstand ist verloren gegangen. Respektlosigkeit vor der Lebensleistung der älteren Generation ist groß in Mode gekommen. Corona hin, Corona her, aber da liegt einiges im Argen in den Familien.

TORSTEN

Entschuldigen Sie bitte, wenn ich mich einmische, aber wir haben das eben mitgehört. Die Familien zählen gerade wirklich zu den Leidtragenden. Ich glaube nicht, dass man, gerade im Moment, so hart über Familien urteilen sollte. Alle haben sich zusammengerauft, um die Schwächsten, vor allem auch die Älteren, zu schützen. Völlig zu Recht, und wir sind alle glücklich, dass wir mit zunehmender Impfquote die Gefahr, an Covid-19 schwer zu erkranken, für die älteren Jahrgänge verringern konnten. Und dass wir als Land, trotz allem, halbwegs glimpflich aus dieser Zeit gekommen sind. Auf der anderen Seite haben wir eben die Kinder und Jugendlichen etwas aus dem Blick verloren.

CAROLINE

Tatsächlich hat sich die Schieflage von Familien drastisch verschlimmert. Und vor allem haben die Kinder gelitten. Jedes dritte Kind zwischen 11 und 17 Jahren hat während Corona unter psychischen Auffälligkeiten gelitten. Und auch finanziell war die Pandemie eine große Belastung. Über ein Drittel der Familien hat seitdem größere Geldsorgen. Da hat es vorne und hinten geklemmt. Wir haben den Familien viel zugemutet, mit Homeschooling, Homeoffice, dafür keinen Sport, keine Kita, keine Freizeit. Nichts.

ÄLTERE DAME

Natürlich, das sehe ich wie Sie. Meine Tochter ist Lehrerin an einer Grundschule. Da gab es Erstklässler, die nie in der Schule waren, die immer nur zu Hause saßen. Das ist doch die prägende Phase, in der man zu lesen und zu schreiben lernt. Das stimmt einen schon nachdenklich - auch im hohen Alter ...

CAROLINE

Wir müssen uns rückblickend fragen, ob wir vielleicht zu viel auf die Virologen gehört haben. Warum in den Beratergremien der Bundesregierung nicht auch Kinderärzte, Sozialpädagogen oder Psychologen saßen. Dass die Kinder ein Stück weit vergessen wurden, wird uns in Zukunft noch sehr beschäftigen, und Bildung ist da sicher nur ein Thema.

TORSTEN

Wir stehen jetzt in der Pflicht. Natürlich wollen wir alles hinter uns lassen. Wir haben einiges aufzuholen. Aber die Bedürfnisse von Kindern und Jugendlichen dürfen nicht mehr so unter die Räder kommen. Das hat mit nachhaltigem Leben nämlich gar nichts zu tun.

Die Straßenbahn hält wieder. Es steigt kaum jemand aus. Mehrere Menschen steigen zu, unter ihnen zwei JUNGE STUDENTINNEN. Sie erkennen den JUNGEN STUDENTEN und winken ihm zu. Sie setzen sich neben ihn. Sie begrüßen sich.

ÄLTERE DAME

Darauf habe ich nur gewartet! Nachhaltigkeit. Das Zauberwort unserer Dekade.

TORSTEN

Wenn wir von Zukunftsfähigkeit sprechen, müssen wir von Nachhaltigkeit sprechen.

JUNGER STUDENT

Hm, ganz ehrlich. Ich glaube, wir haben noch ganz andere Probleme. Sie haben ja nicht unrecht. Aber wir müssen zusätzlich nachdenken, was wir alles zu schultern haben werden. Es bringt nicht viel, uns mit zwei Grad weniger und plastikfreien Meeren zurückzulassen. Der Gedanke ist zwar nett. Aber wenn man uns noch einen Schuldenberg und ein Land zurücklasst, das nicht mehr wettbewerbsfähig ist, dann ist das ein vergiftetes Geschenk.

TORSTEN

Um das Ganze einmal einzuordnen: Nachhaltigkeit wird oft mit ökologischen Aspekten und Themen gleichgesetzt. Aber das ist nur ein Teil der Wahrheit. Ökologische Nachhaltigkeit bedeutet, dass beispielsweise nur so viele nicht nachwachsende Rohstoffe der Erde entnommen werden dürfen, wie durch erneuerbare Rohstoffe ersetzt werden können. So will man Schäden am Ökosystem vermeiden. Wenn wir es ernst mit der Nachhaltigkeit meinen, müssen wir noch die beiden weiteren Säulen beachten. Das sind Ökonomie und Soziales. Nur wenn diese drei Säulen im Einklang sind, Ökologie, Ökonomie und Soziales, nur dann ist nachhaltiges Leben möglich. In der aktuellen gesellschaftlichen Debatte hat man stark das Gefühl, alles dreht sich nur um ökologische Aspekte. Koste es, was es wolle. Das ist auch ein aktuell diskutiertes Problem. Wir können zum Beispiel nicht einfach ganze Industriezweige zum Erliegen bringen, weil wir das aus ökologischen Gründen so festlegen. Das hat mit Balance nichts zu tun. Und ist somit ein Irrweg.

CAROLINE

Genau. Und das andere ist: Wer das Wohl unserer Gesellschaft und ihrer Menschen im Blick hat und seine soziale Verantwortung ihnen gegenüber ernst nimmt, muss eben auch etwas dafür tun, unseren Sozialstaat zu erhalten. Wohlgemerkt einen Sozialstaat, der einerseits diesen Namen verdient und andererseits finanzierbar bleibt. Der Maßstab der Finanzierbarkeit muss sich dabei auch an der Anzahl und Stärke jüngerer Beitragszahler orientieren, nicht nur am Bedarf der Leistungsbezieher. Den Sozialstaat erhalten bedeutet nicht, ihn zu überlasten und zu überfrachten. Das ist es aber, was gerade passiert. Es macht viele junge Menschen wütend, weil sie spüren, dass die Politik scheinbar ihre Altersgruppe als nicht relevante Wählerklientel einstuft. Wie lässt sich das jahrelange Verschleppen der Reformierung unserer sozialen Sicherungssysteme sonst erklären? Andererseits hat von den Jüngeren auch noch keiner einen »Friday for Future Pension« ausgerufen.

JUNGE STUDENTIN 1 (etwas zaghaft)

Ich habe jetzt nicht den ganzen Kontext mitbekommen und möchte mich auch eigentlich gar nicht einmischen. Aber ich bin froh, wenn darüber gesprochen wird. Denn ich sehe es auch so. Die Finanzpolitik, die gerade betrieben wird, geht voll auf Kosten unserer Generation. Und zwar unabhängig von Corona. Wenn es um das Überleben von Menschen geht, ist es selbstverständlich, keinerlei Kosten und Mühen zu scheuen! Die Finanzierung all dessen, was in der Pandemie nötig war, ist richtig gewesen. Jetzt flaut die Krise ab, jetzt müssen wir wieder etwas genauer hinschauen. Und wenn wir das tun, sehen wir eine rücksichtslose Haushaltsführung uns jungen Menschen gegenüber.

JUNGER STUDENT

Inwiefern? Ganz ehrlich, ich habe das Gefühl, diese Pandemie hat alles andere in den Schatten gestellt. Ich habe von Finanzpolitik in den letzten Monaten echt wenig mitbekommen.

JUNGE STUDENTIN 1

Ich gebe dir ein paar Beispiele, wie hier Reserven verbraucht werden, die für andere Zeiten gedacht waren. Für demografisch herausfordernde Zeiten. Für unsere Zeiten! Das Finanzministerium hat die 2018 eingerichtete »Demografiereserve« aus ihrer Finanzplanung gestrichen und das Gesundheitsministerium will den Pflegevorsorgefonds für andere Zwecke nutzen. Den Pflegevorsorgefonds, der die Beiträge für uns später stabilisieren sollte! Darüber hinaus werden gerade weitere Schulden gemacht, sodass mir vollkommen schleierhaft ist, wie wir sie jemals wieder zurückzahlen sollen. Geld gibt's ja nicht nur vom Steuerzahler oder der Notenbank.

JUNGER STUDENT

Dafür haben wir doch eine Schuldenbremse.

JUNGE STUDENTIN 1

Schuldenbremse hin oder her. Wir beobachten gerade, dass man sich parteiübergreifend intensiv damit auseinandersetzt, wie man trotz Schuldenbremse neue Schulden machen kann. Es gibt Akteure, die hier nicht nur clever, sondern auch sehr kreativ sind.

CAROLINE

Fakt ist, die Sozialausgabenquote wächst immer weiter an, und sie wird es durch die Krise weiter tun. Durch mehr Arbeitslose und Kurzarbeiter sowie massive Ausgaben für unser Gesundheitssystem. Alle diese Ausgaben müssen durch Steuern und Sozialabgaben finanziert werden. Das machen alle diejenigen, die von morgens bis abends arbeiten gehen. Tag für Tag. Aber es gibt einen untrennbaren Zusammenhang zwischen der wirtschaftlichen Leistungsfähigkeit unseres Landes und der Stabilität unserer sozialen Sicherungssysteme. Eigentlich eine Binsenweisheit, aber man bekommt das Gefühl, dass man sie im Jahr 2021 nicht oft genug wiederholen kann.

JUNGER STUDENT

Wohin soll das alles noch führen?

CAROLINE

Das hat der Wissenschaftliche Beirat des Bundeswirtschaftsministeriums schon ausgerechnet. Die Sozialabgaben werden im Jahr 2040 auf 54 Prozent angestiegen sein. Zum Vergleich, wir sind heute bei weniger als 40 Prozent.

JUNGER STUDENT

Das ist ein Klopper.

JUNGE STUDENTIN 1

Also die Lohnzusatzkosten werden explodieren? Ich kann mir nicht vorstellen, dass dieses System langfristig standhalten wird.

CAROLINE

Ja, es sind die Beitragssätze zur Sozialversicherung, die massiv werden ansteigen müssen, wenn die Politik nicht gegensteuert. Nur wäre das alles andere als gerecht, wenn es zulasten unserer Generation geht. Dazu wirken sich derartige Lohnzusatzkosten nicht gerade positiv auf die Wettbewerbsfähigkeit unseres Standorts Deutschland aus. Das muss alles berücksichtigt werden, wenn die soziale Gießkanne geschwenkt wird. Auch wenn das sicher gut gemeint ist.

JUNGER STUDENT

Wer soll das alles bezahlen?

CAROLINE

Das ist die entscheidende Frage: Wer wird das alles bezahlen? Und was wird unsere Generation in der Zukunft alles zu stemmen haben? Wir sind ohnehin schon weniger. Zwischen 2025 und 2035 scheidet dann noch die extrem geburtenstarke Generation der sogenannten Babyboomer aus dem Erwerbsleben aus, längst nicht so viele Schulabgänger rücken nach. Die Zahl der Erwerbstätigen wird in den nächsten Jahren, laut dem Institut für Arbeitsmarkt- und Berufsforschung, auf 40 Millionen sinken. Zum Vergleich, derzeit sind es noch 47 Millionen.

ÄLTERE FRAU

Ihr werdet länger arbeiten müssen. Anders wird's nicht gehen.

JUNGER STUDENT

Sehr fantasievoll.

CAROLINE

Die Dame hat leider recht. Länger arbeiten wird für diejenigen gelten, bei denen es irgendwie möglich ist. Und dann erklärt man jungen Menschen am besten schon in der Schule, was eigenverantwortliche kapitalgedeckte Altersvorsorge heißt. Das wäre schon mal etwas. Wir müssen es auch schaffen, schlicht mehr Menschen in Arbeit zu bringen. Auch diejenigen, die bereits längere Zeit arbeitsuchend, aber fit genug sind, um am Erwerbsleben teilzunehmen. Bei allem Respekt vor den gesamtgesellschaftlichen Anstrengungen, die darauf schon lange hinzielen, aber es ist und bleibt ein Druckpunkt, der bearbeitet werden muss.

ÄLTERE DAME

Jawoll. Es gibt kein Recht auf Faulheit.

CAROLINE

Na ja, wir müssen abwägen. Längst nicht jeder, der von Hartz IV lebt, ist ein Faulpelz. Oft stecken hier auch tragische, unverschuldete Einzelschicksale dahinter.

ÄLTERE DAME

Ich sage, das ist sehr selten der Fall. Schon die Jungen lernen heute: Hartz IV und der Tag gehört dir.

CAROLINE (unbeirrt)

Es muss weiter daran gearbeitet werden, die Aufnahmefähigkeit des Arbeitsmarkts auch für Geringqualifizierte und Migranten zu verbessern. Dazu gehört auch, den Arbeitsmarkt zu entriegeln, Arbeitszeitgesetze zu flexibilisieren etc. Und nicht noch mehr Hürden, Vorschriften, gut gemeinte Eingriffe, wie es andere Parteien vorhaben, zu etablieren. Das sind Maßnahmen, die jegliches Engagement, Bürokratie abzubauen, konterkarieren und das Problem verschärfen. Allerdings können und sollen die Menschen auch in Zukunft darauf vertrauen dürfen, in der Not nicht allein gelassen zu werden. Im Gespräch mit Arbeitgebern kommt noch ein anderer wichtiger Punkt hinzu: Wir brauchen Fachkräfte für die neuen technologischen Herausforderungen, für Biotechnologie oder künstliche Intelligenz. Denn ohne rationale Intelligenz schaffen wir auch keine künstliche. Unter Umständen hilft die qualifizierte Zuwanderung, weil uns vor allem in diesem Bereich sehr bald Millionen Arbeitskräfte fehlen werden.

JUNGE STUDENTIN 2 (leise, etwas schüchtern)

Das kann ich alles gut verstehen, was du sagst. Aber ökologische Anstrengungen bleiben daneben auch übergeordnet wichtig. Wenn es zu warm wird, hilft uns die künstliche Intelligenz nicht mehr viel. Sogar das Bundesverfassungsgericht hat Ende April die Regierung dazu verpflichtet, den Ausstoß von Kohlendioxid weiter zu minimieren, zum Wohle künftiger Generationen.

STUDENT

Langsam habe ich das Gefühl, wir sind in einem Überbietungswettbewerb gelandet: Hauptsache, schneller, härter, radikaler. Nicht nur Aktivisten, Politiker und Fridays-for-Future-Demonstranten, seit Neuestem haben wir auch noch Verfassungsrichter, die einstimmen. Ich weiß nicht, was ich davon halten soll.

CAROLINE (zeigt auf TORSTEN)

Es geht hier wieder um die Balance, die mein Kollege angesprochen hat. Schaut doch mal hinein in die Lebenswirklichkeit der Menschen. Und der Unternehmer. Viele von ihnen kämpfen schon heute mit den Preisen für Strom und dem Zertifikatehandel.
In meiner Heimatstadt Bergisch-Gladbach ist gerade ein Kapitel deutscher Industriegeschichte zu Ende gegangen. Eine Papierfabrik hätte CO_2-Zertifikate erwerben müssen, um weiter produzieren zu dürfen. Hierfür konnte sie die finanziellen Mittel aber nicht aufbringen.

JUNGE STUDENTIN 2

Aber daraus kann man doch keine allgemeinen Schlüsse ziehen.

CAROLINE

Sicher nicht. Aber klar ist, dass internationale Wettbewerber günstiger produzieren können. Auch wegen der Energiekosten, die einfach niedriger sind. Unternehmen brauchen nicht nur eine Zielvorgabe, sondern auch eine Antwort darauf, wie sie das Ziel erreichen können. 1,85 Billionen Euro sind keine Kleinigkeit. Genauso viel kostet es aber laut dem Helmholtz-Forschungszentrum, die anvisierte Klimaneutralität im Jahr 2050 zu erreichen. 1,85 Billionen Euro sind mehr als die halbe deutsche Wirtschaftsleistung.

JUNGE STUDENTIN 2 (etwas mutiger)

Es muss trotzdem sein. Wegen des Klimas.

CAROLINE

Was ist »es«? Das ist hier die Frage! Beim Ziel sind wir uns einig, aber offensichtlich nicht bei dem Weg dahin. Wenn - und ich betone wenn - wir wirklich die Erderwärmung damit begrenzen könnten, dass wir unseren deutschen Unternehmen solche Bürden auferlegen, sie im extremen Fall nicht mehr produzieren lassen, hätten wir vielleicht sogar eine andere Ausgangssituation. Aber so ist es nicht. Klimaprobleme sind globaler Natur. Also brauchen wir auch globale Lösungen. Liegt das nicht auf der Hand?

JUNGE STUDENTIN 2

Und es ist nicht ein Schritt in die richtige Richtung, nationale Ziele zu beschließen?

CAROLINE

Also, es ist ja in den seltensten Fällen so, dass die deutschen CO_2-Emissionen einfach wegfallen. Häufig ist es so, dass sich die Emissionen, die sonst hierzulande angefallen wären, nur verlagern. In erster Linie dadurch, dass auch die Produktionsstätten ins Ausland verlagert werden, was normalerweise noch nicht einmal ein energiepolitisches Nullsummenspiel ist. Im Gegenteil: Industrien, die abwandern, emittieren im Ausland womöglich mehr als vorher. Oder wir fragen hierzulande einen bestimmten Rohstoff einfach weniger nach.

JUNGER STUDENT

Öl!

CAROLINE

Ja, nehmen wir zum Beispiel Öl. Wir fragen es nicht mehr nach. Was passiert? Der Rohstoffpreis sinkt, und der Rest der Welt kann und wird wahrscheinlich mehr Öl kaufen. Anderes Beispiel: Was nützt dem Weltklima die Subventionierung von E-Mobilität in Deutschland, wenn die Emissionen in den Ländern, in denen die Autos oder deren Batterien hergestellt werden, einen ebensolchen Effekt haben, als würden auf der Straße nur Benziner rollen? Was wir brauchen, ist ein globaler Emissionshandel, um das Pariser Klimaabkommen erfüllen zu können. Wenn das, was in der EU funktioniert, nur im Ansatz auf globaler Ebene fruchten würde, wäre viel gewonnen. Im europäischen Emissionshandel sinken die Emissionen doppelt so schnell wie außerhalb. Alles andere kostet enorme Steuergelder und hat nicht die gewünschte Wirkung.

JUNGER STUDENT

Das klingt so, als ob der Weg, der gerade in Deutschland eingeschlagen wird, aus verschiedenen Gründen nicht der ideale ist.

CAROLINE

Das möchte ich gar nicht beurteilen, sondern konstruktive Vorschläge machen, die an der Lebenswirklichkeit vieler Menschen nicht komplett vorbeiziehen. Es ist immer noch ein großes Glück, in Deutschland geboren und aufgewachsen zu sein. Aber hier geht es um etwas anderes. Es wäre einfach ein Fehler, weiterhin nicht einhaltbare Versprechungen zu machen - denn am Ende muss es jemand bezahlen. Und weitere Staatsschulden, also weitere Ausgaben und vermeintliche Wohltaten, so wie sie beispielsweise die Grünen planen, sind eines nicht: Sie sind nicht nachhaltig.

TORSTEN

Vieles, was sich sozial-ökologisch nennt, ist nicht nachhaltig.

CAROLINE

Und deshalb brauchen wir Schwarz.

TORSTEN

Also mehr Schwarz im Grün.

CAROLINE

Oder besser: Schwarz auf Grün. Ein Buch mit diesem Titel müsste geschrieben werden.

RADIO FUTURE
SENDET AUS DEM JAHR 2030

Berlin, 15. Juli 2030. Wirtschaftszukunftsministerin Caroline Bosbach hat heute in Berlin den diesjährigen Zukunftspreis verliehen. Bei einem Festakt im Berliner Zukunftsministerium am Humboldthafen zeichnete die

Ministerin den Kölner Unternehmer Torsten Weber aus. Der langjährige Wirtschaftsprofessor und kurzzeitige Forschungsminister von Nordrhein-Westfalen hat in den vergangenen Jahren im Bereich Wasserstofftechnologie bahnbrechende Innovationen auf den Weg gebracht. Sein Unternehmen »H2Mi« gilt inzwischen als führend im Bereich der Wasserstoffmobilität. Nachdem es in den frühen 2020er-Jahren in Deutschland einen bis dahin nicht gekannten Hype um Wasserstoff gab und man es weltweit als den wichtigsten Energielieferanten einer sauberen Zukunft betrachtete, kühlte die Begeisterung Mitte des Jahrzehnts ab, vor allem, weil Wasserstoff damals in erster Linie durch den Einsatz fossiler Quellen hergestellt wurde. Doch H2Mi war es 2026 gelungen, als erstes Unternehmen der Welt Wasserstoff emissionsfrei zu produzieren und eine kommerzielle Lieferkette für Wasserstoff in Betrieb zu nehmen. Auf Basis dieser Innovation konnte dann der H-Celler auf den Weg gebracht werden, das erste Wasserstoffauto für den Massengebrauch. Hergestellt werden die Fahrzeuge seit 2028 in Grünheide, auf dem Gelände der ehemaligen Tesla-Fabrik, die seit der Pleite des einstigen Elektroautokonzerns leer stand und nun, dank des Einsatzes der neuen Technologie, wieder für die Zukunft der Mobilität steht. Die Ministerin dankte Weber für seinen großen Einsatz und würdigte ihn als einen der »maßgeblichen Innovatoren am Standort Deutschland«. Bosbach erinnerte zu Beginn ihrer Rede an die gemeinsame Arbeit an einem Buch. Im Jahr 2021 arbeiteten Bosbach und Weber an dem Buch »Schwarz auf Grün« und entwarfen darin die Skizze einer sowohl ökologisch als auch ökonomisch und sozial nachhaltigen Zukunft.

DIE AUTOREN

© Felix Mayr

Caroline Bosbach ist als älteste Tochter des langjährigen Bundestagsabgeordneten Wolfgang Bosbach mit Wahlkämpfen und intensiven politischen Debatten aufgewachsen. Heute ist sie als Referentin einer Bundestagsabgeordneten aktiv und täglich nahe dran an den Sorgen, Ängsten, Bedürfnissen und Hoffnungen der Menschen. Ihren eigenen politischen Standpunkt bezeichnet sie als marktliberal und wertkonservativ. Sie fordert eine offene Debatte über eine neue Politik für die gesellschaftliche Mitte. Nicht im Sinne einer Verbots-, sondern im Sinne einer Innovationskultur in Deutschland und Europa, die uns endlich wieder wettbewerbs- und damit auch zukunftsfähig macht.

© privat

Prof. Dr. Torsten Weber ist mit Passion in den Themenfeldern Nachhaltigkeits- und Innovationsmanagement unterwegs. Er war mehrere Jahre als Unternehmensberater tätig und hat in diesem Zusammenhang unter anderem im Bereich Umweltmanagement gearbeitet. In Forschung und Lehre beschäftigt er sich aktuell an der CBS International Business School mit Nachhaltigkeit und Corporate Social Responsibility, Cause-Related- und Purpose-Driven Marketing sowie nachhaltigem Konsumentenverhalten.